일본을 보며 생각하는
'나답게' 늙어갈 수 있는 집

나는 어떤 노후를 꿈꾸는가 시리즈

1

일본 편

일본을 보며 생각하는

'나답게' 늙어갈 수 있는 집

박소정 · 김종석 · 김수동 · 김정근 · 류재광 · 나무 지음

좋은땅

"나이가 들면 어디에서, 어떻게 살아야 할까"
전문가들이 자신의 노후를 고민하며 시작한 이야기

인생의 모든 고민을 혼자 짊어진 듯 지내던 20대 시절, 나를 비롯해 주변 친구들은 종종 "빨리 서른 살이 되면 좋겠다"라는 말을 했다. 서른쯤 되면 직업, 연애, 결혼, 인간관계 등 많은 것들이 정리되어 마음이 안정될 것이라는 기대감이었다. 막상 서른 살이 되어 보니 아무것도 변한 건 없었다. 그래도 세상사를 조금은 더 편안하게 받아들일 수 있게 된 듯한 기분이 들었다. 나이가 드는 게 그렇게 나쁘게만 느껴지지 않았다.

한편 30대에는 주변의 누구도 "빨리 마흔 살이 되고 싶다"라는 말을 하지 않았다. 그리고 40대에는 나이가 드는 것에 대한 부담감을 말하는 사람이 한 명씩 늘어났다. 50대가 되니 이젠 곳곳에서 나이, 노화에 대한 '부담'이 아닌 '두려움'을 토로하기 시작했다. 언제까지나 건강할 줄 알았던 부모님이 70~80대가 되어 약해져 가는 모습을 보면서 서서히 나 자신의 노화, 노후를 걱정하게 되고 챙겨 먹는 영양제가 하나씩 추가되었다.

노년학, 복지, 의료 전문가들이 한자리에

이 책은 한국, 미국, 일본에서 노년학, 고령자 주거, 건강 등을 연구하는 학자와 전문가들이 국내외 고령자 정책을 공부하기 위해 모인 프로젝트에서 시작되었다. 사회적으로 준비가 많이 부족한 상태에서 고령자 인구가 급속하게 늘어난 우리나라가 앞으로 어떤 준비를 해야 하는지 각자의 전문적인 시각에서 함께 살펴보자는 생각이었다. 함께 모여 논의하고 책을 준비하면서 각자 자신의 노후에 대해서도 진지하게 고민하고 어떤 준비를 해야 하는지에 대해서도 이야기하게 되었다.

그러면서 주목하게 된 것이 어떤 곳에서 살 것인가, 즉 '노후의 주거'였다. 젊을 때는 어디에 살든 일하기 위해 직장에 나가고 사람을 만나러 멀리 외출하고 휴식을 위해 여행을 떠난다. 하지만 퇴직을 하고 나이가 들수록 점점 생활 반경이 좁아진다. 출근도 하지 않고 장거리 여행은 힘들어져 대부분의 시간을 집 안에서, 집 근처에서 보내게 되면 내가 지내는 '주거 공간', 살고 있는 '주거지'가 생활의 질과 만족도에 큰 영향을 끼친다. 결국 '어디에서' 사는지가 노후를 '어떻게' 보내게 될지를 결정하게 된다. 그래서 프로젝트의 첫 번째 활동으로서 고령자의 주거에 대한 책을 쓰기로 결정했다.

일본, 선진국과 한국의 중간쯤

시리즈 책을 기획하면서 가장 먼저 일본을 선택한 이유 중 하나는 일본의 복지 수준이 유럽 중심의 복지 선진국들과 한국의 중간쯤이기 때문이었다. 일본도 아직 완벽하지 못해 가정 내에서 노인이 노인을 돌보는 '노-노(老-老) 돌봄'이 문제로 지적되고 오랜 간병 생활에 지친 70대 자녀가 90대 부모를 죽였다는 뉴스가 나와 충격을 주기도 한다.

하지만 문화가 전혀 다르고 복지에서 한국보다 너무나 멀리 앞서가 있는 유럽의 복지 선진국보다는 한발 먼저 초고령사회에 들어간 일본이, 한국이 보고 참고하기에는 더 적합하다고 판단했다. 선진국의 제도와 시설을 먼저 도입해 보고 많은 시행착오를 겪었다는 점, 한국과 거리가 가까운 만큼 사회 문화적으로 비슷해 이질감이 적다는 이유도 있었다. 일본도 여전히 고령자 복지와 주거 지원, 관련 사업들에 부족한 부분이 많다. 하지만 고령자 주거에 대한 논의를 이제 막 시작해 정책과 주택, 시설을 처음 기획하는 단계인 한국에게 일본의 실패와 성공 사례, 실제 생활 모습은 분명히 도움이 될 수 있다.

현재 일본에는 한국에 비해 꽤 다양한 고령자 주택과 시설들이 있다. 하지만 그렇다고 해서 대부분의 사람들이 그곳에 들어가는 것은 아니다. 자신의 집에서 계속 살면서 낮에는 주간보호센터인 '데이서비스'에 다니고 필요하면 헬퍼를 불러 도움을 받으며 지내는 사람이 훨씬 더 많다. 고령자 주택과 시설은 집에서 생활하기 어려워졌을 때, 또는 새로운 라이프 스타일을 원할 때 들어갈 수 있는 선택지 중 하나이다. 하지만, 노후에 자신의 집에서 지낸다고 해도 혹시 무슨 일이 생겼을 때 들어갈 곳, 상황에 맞춰 선택할 수 있는 시설이 있는 것과 없는 것은 심리적 안정감에 큰 차이가 있다. 그렇기 때문에 자택에서 노후를 보낼 수 있도록 하는 제도와 환경 마련을 우선하되 다양한 상황에 이용할 수 있는 시설과 서비스도 갖출 필요가 있다.

이 책에는 현재 한국에는 거의 없는 중간소득층 대상의 고령자 주택, 일반적인 시설과는 조금 다른 시도를 하는 곳들을 중심으로 직접 견학

　　　　　　　　　　　　'나답게' 늙어갈 수 있는 집 ❶

해 그곳에서 보고 느낀 것들을 솔직하게 담고자 했다. 지역 주민들과 교류를 도모하거나, 입주 고령자들에게 일자리를 연결하거나, 고령자뿐 아니라 다양한 연령대의 사람들이 함께 모여 커뮤니티 활동을 하는 등 특색 있는 곳들을 선택했다. 그중에는 일본에 사는 재일 동포들을 위해 세웠다가 지금은 다양한 국적의 사람들이 함께 생활하는 다문화 시설이 된 곳도 있었다.

'생존'이 아닌 '나다운 생활'을 유지하기 위해서는 어떤 것들이 필요할까. 노후이기에 선택할 수 있는 새로는 라이프 스타일에는 어떤 것들이 있을까. 이 책이 노후까지 '나답게' 살려면 어디에서, 어떻게 살아야 할지 고민하는 사람들에게 도움이 되길 바란다.

편집자 나무

함께 나이 듦을 상상하며

에이징투게더(Aging Together)는 지난 십여 년 동안 사회복지와 노년학을 공부해 온 동료들과 함께 만들어 온 작은 연구 단체입니다. 처음에는 논문과 데이터, 제도 분석을 중심으로 활동했지만 시간이 지나면서 우리의 대화 주제가 조금씩 달라졌습니다. 부모님의 노화 이야기, 자신의 몸과 마음이 예전과 달라지는 순간들, 친구와 지인들이 맞닥뜨린 돌봄 경험을 나누는 시간이 많아졌습니다. 노화가 '연구 주제'였다가 어느 순간 '우리의 삶'으로 다가온 것입니다.

저는 노년학과 고령자 생활 환경을 연구해 왔습니다. 그러면서 평생 함께 공부하고 일한 동료들, 그리고 언젠가는 함께 늙어 갈 사람들과 주거 공동체를 직접 만들어 보고 싶다는 꿈을 품게 되었습니다. 그래서 곳곳을 다니며 "나와 내 친구들이 들어가서 즐겁게 돌봄을 주고받으며 생의 마지막까지 함께할 수 있는 공동체를 만들고 싶다"고 이야기했습니다.

그 공동체가 어떤 모습일지는 아직 알 수 없습니다. 지인 중 한 명은 "은퇴하면 안내 데스크에 앉아 있는 명랑한 할머니가 되고 싶다"고 말합니다. 실제로 안내 데스크가 필요할지는 모르겠지만 지금 우리가 가진 가장 확실한 자산은 그런 '명랑한 할머니가 되겠다'는 마음이 아닐까 싶습니다. 저는 마음속에서 항상, 노년에 내가 누군가의 하루를 가볍게 만들어 줄 수 있는 존재감으로 남아 있으면 좋겠다는 상상을 합니다. 다른 동료들도 저마다의 방식으로 비슷한 상상을 품고 있었습니다. 누군가는 "늙어 가되 고립되지만 않으면 좋겠다"고 말했고, 또 누군가는 "누가 밥 한 숟가락 떠 주는 관계라도 있으면 좋겠다"고 했습니다.

이야기를 듣다가 문득 표현은 달라도 모두 같은 방향을 향하고 있다는 사실을 깨달았습니다. 그래서 다짐했습니다. 계속 함께 공부하고 일하면서, 언젠가는 실제로 그러한 공동체를 만들어 갈 동료들을 찾자고. 그 마음으로 에이징투게더를 시작했습니다. 그리고 노후 생활과 관련된 논문 공유, 시설 견학과 소개 등에 더해 책 출판 프로젝트를 기획했습니다. 전문가뿐 아니라 일반 사람들에게도 다양한 정보를 제공하고 함께 고민하고 싶었기 때문입니다.

첫 번째 출간한 책『행복한 노후를 위한 집- 노인 주거공동체(학지사)』에서는 공동체를 중심으로 고령자 주거에 대한 이론과 실천을 이야기했습니다. 이번 책은 두 번째 출판 프로젝트입니다. 일본이라는 거울을 통해 우리가 맞이할 미래를 미리 들여다보고, 다양한 사례들을 통해 각자가 어떤 삶을 선택할 수 있을지 상상하게 만드는 책입니다.

각자의 자리에서 '노화'를 고민해 온 사람들

이번 책에는 서로 다른 질문을 가진 사람들이 함께했습니다. 책을 기획할 때 저는 '비슷한 사람들'이 아니라, 각자의 자리에서 저마다의 방식으로 '나이 듦'을 고민해 온 사람들을 떠올렸습니다. 사는 곳도, 전공도, 살아온 결도 다르지만 "어떻게 늙어 갈 것인가"라는 질문이 우리를 하나로 묶어 주었습니다.

강은나 박사는 오래전에 우리나라에서 노인 주거에 대한 정책적 관심이 막 싹트던 시절, 한 정책 포럼에서 발표자로 처음 만나게 되었습니다. 그날 이후 "이분을 잘 따라 가야겠다"는 결심을 하고 지금까지 성실하게 따라다니며 조언을 구하고 있습니다. (아직도 따라다니는 중입니다.)

김정근 교수와는 여러 연구 프로젝트에서 오래전부터 함께해 왔습니다. 우리 인연은 제가 박사과정을 밟던 미국 시절로 거슬러 올라갑니다. 그때 품었던 문제의식이 시간이 흘러 이렇게 책을 함께 만드는 작업으로 이어졌다는 사실이 새삼 반갑고 든든합니다.

김종석 박사를 처음 만난 곳은 서울의 한 진료실이었습니다. 환자로 찾아갔지만 진료보다 훨씬 오래 나눈 것은 '노화'에 대한 수다였습니다. 이후 자연스럽게 한국과 일본의 요양원, 주거 모델 이야기가 이어졌고 결국 여러 번 설득한 끝에 이 책의 공동 저자로 함께하게 되었습니다.

김수동 활동가는 에이징투게더 연구 프로젝트에 자문을 부탁했던 것이 인연의 시작입니다. 언젠가 우리가 꿈꾸는 주거 공동체를 만든다면, 가장 먼저 공동체 코디네이터로 모셔야 할 분이라고 확신합니다. (이미 마음속에서는 초빙 완료했습니다.)

류재광 교수는 제가 일본의 주거 모델을 연구하던 시절 그의 논문을 뒤늦게 발견하고 "꼭 함께 일해 보고 싶다"는 마음에 출장 일정 중 직접 찾아가 인사를 드렸습니다. 이번 일본 현장 견학에서는 총괄 기획을 맡

'나답게' 늙어갈 수 있는 집 🏠

아 주어 평소에는 접근하기 어려운 곳들까지 방문할 수 있었습니다.

안세진 전 대표는 제가 수많은 개인적 고민을 들고 찾아가던 인생 선배이자 멘토였는데, 최근 몇 년 동안은 노인 주거·공동체 연구의 중요한 자문가가 되어 주셨습니다. 언젠가 우리가 만들 주거 공동체의 비즈니스 모델을 함께 고민해 주실 분이라고 굳게 믿고 있습니다.

일본의 유이치 교수는 제가 근무하는 학교에 교환교수로 오면서 처음 만났습니다. 늘 큰 마음과 친절함으로 우리를 도와주었고, 이번 프로젝트에서도 일본 곳곳을 안내하며 혼자서는 절대 얻을 수 없었을 인사이트를 아낌없이 나눠 준 고마운 은인입니다.

마지막으로, 나무. 이번 책은 편집자인 나무가 없었다면 불가능했습니다. 기획자인 제가 공중에 띄워 놓은 생각들을 가차 없이 잘라 내고 정리해 모양을 만들어 주었습니다. 저의 오랜 친구이기도 한 그녀는 일본에서 통역을 해 주고 외국인은 잘 모르는 맛집까지 찾아내며 시간을 함께 해 주었습니다. 무엇보다 성격도 성향도 다른 저자들의 글을 엮어 내는 '편집' 작업을 탁월하게 해냈습니다. 그 모습을 보며 편집자가 어떤 일을 하는지 실감했습니다. 나무는 언론 기사를 쓰다가, 음악을 하다가, 그림을 그리다가, 통번역을 하는 등 다양한 삶을 살아왔습니다. 그래서 서로 다른 목소리를 하나로 엮어 낼 수 있었던 게 아닐까 싶습니다.

'책을 쓰는 팀'에서 '함께 늙어 갈 준비를 하는 팀'으로

우리 대부분은 50대 초중반에서 60대 초반의 나이입니다. 아직 노년이라고 부르긴 어색하지만 노년을 떠올리지 않을 수 없는 나이입니다. 그래서 더 절실하게, 이 작업이 필요했습니다. 이 책 이후 우리는 한국 곳곳에서 이미 실행 중인 '함께 잘 늙어 가기' 실험들을 찾아보려 합니다. 지역 기반 돌봄, 소규모 주거 공동체, 마을 살림, 세대 혼합 공간, 생협과 자조 모임 등, 이미 우리 주변에서 실험되고 있는 모델들이 있습니다. 그 안에는 우리가 미래를 상상할 수 있는 단서가 숨어 있습니다.

그리고 언젠가, 일본과 한국의 경험을 바탕으로 미국과 유럽의 사례까지 함께 살펴보고 가능하다면 정말로 함께 생활하는 행복한 노인들의 주거 모델을 직접 만들어 보고 싶습니다. 연구로만 끝나는 것이 아니라, 삶으로 이어지는 실험을 하고 싶습니다.

그렇게 '다음'을 함께 고민하며 노년을 준비하고 보내려고 합니다.

에이징투게더 대표 **박소정**

박소정

미국 거주, 워싱턴대학교-세인트루이스 부교수, 사회복지/심리학 전공, 2인 세대, 52세

초고령의 나이가 되어도 잠들기 전, 하루를 시작할 때 마음을 나누며 이야기할 사람이 곁에 있으면 좋겠다. '죽음'까지의 길을 누군가와 함께 걸어가며 보낼 수 있으면 좋겠다. 마지막 집이 외롭지 않을 거라고 생각하면 노년에 대한 막연한 공포와 걱정이 반은 사라질 듯하다.

김종석

한국 거주, 차의과학대학교 통합의학대학원 원장, 1인 세대, 54세

누구나 나이가 든다고 외로움을 느낄까? 싱글인 사람은 평생 혼자가 기본 세팅이기 때문에 친구를 새로 만들고 싶다는 마음이 생기지 않을 수도 있다. 개인주의 성향이 강한 현재의 30~40대가 노인이 되면 요양원 같은 시설이 적합하지 않을 것이다. 단, 잘 늙어 가려면 노화를 잘 '관리'해야 하고 노후의 주거를 계획할 때도 건강하고 안전하게 살 수 있는 공간을 고민해야 한다.

김수동

한국 거주, 탄탄주택협동조합 이사장, 공동체 주거 활동가, 3인 가구, 63세

나는 '노인'이라는 딱지가 붙은 주거에 반대한다. 집이란 아이부터 어른까지 모두가 당당하게 사는 곳이다. 다양한 연령대가 어울려 살 수 있는 주거, 각자 형편에 맞춰 적정한 비용으로 함께 살 수 있는 주거 문화가 형성되면 좋겠다. 그것이 기본이다. 기본이 갖춰진 다음에야 또 다른 가치를 추구하는 노인 주택, 시설도 의미가 있지 않을까.

김정근

한국 거주, 강남대학교 실버산업학과 부교수, 사회복지&경제 전공, 3인 세대, 54세

내 인생의 마지막 집은 돌봄이 전문적인 돌봄이 제공되는 집이 될 것이다. 내가 살던 집으로 다양한 돌봄이 들어오면 가장 좋다. 그렇지 않다면 집과 같은 곳에서 전문적인 돌봄을 받을 수 있으면 좋겠다. 인생의 마지막까지 인간답게, 나의 인간적 가치, 존엄성을 유지할 수 있는 곳. 나이가 들어 생활에 어려움이 생겨도 나의 효용 가치보다는 존재 가치를 소중히 여기는 사람들과 함께하는 곳이기를 바란다.

'나답게' 늙어갈 수 있는 집 **1**

류재광

일본 거주, 간다외국어대학교 준교수, 한일 고령사회 연구, 4인 세대, 53세

앞으로는 60대 중반부터 90대까지, 30년 이상의 노후를 보내야 한다. 그렇게 되면 반드시 자립 생활이 불가능한 기간도 늘어난다. 혼자 생활하는 것을 좋아하는 사람도 어쩔 수 없이 새로운 주거를 선택해야 하는 때가 온다. 건강할 때와는 다른 환경이 필요해지기 때문이다. 이것이 40~50대부터 미리 노년의 살 곳을 고민해야 하는 이유다.

안세진

미국 거주, 비지니스 어드바이저, 2인 세대, 56세

'하루하루 의미 있게 살아가기'를 실천하며 지난 30년과는 전혀 다른 형태의 삶을 살아가고 있다. 아마도 이런 시간들이 모이면 보다 자유롭고 의미 있는 노년의 삶이 펼쳐질 거라 믿으며, 또한 '구조적인 이해와 변화'가 많은 것을 해결해 줄 거라고⋯ 늘 희망적 미래를 그리며 산다.

강은나

한국 거주, 한국보건사회연구소, 노인복지 전문, 1인 세대, 50세

머지않아 노인이 주류가 되는 사회가 된다. 어디를 가든 노인들이 보이고, 모든 곳에 살고 있다. 젊은 세대가 노인을 배려하는 것이 아닌 노인이 젊은 세대를 배려해야 하는 시대가 올 것이다. 덤덤한 자세로 노년기를 맞이하고, 조금 더 넓은 마음으로 다른 세대를 바라보면서 나의 노년을 보내고 싶다.

와타나베 유이치

일본 거주, 무사시노대학교 교수, 고령자 복지&소셜워크 전공, 3인 세대, 48세)

나의 인생 계획은 120세까지 행복하게 사는 것. 어떻게 하면, 모든 사람이 아무리 나이가 들어도 자신이 원하는 장소에서 계속 자신답게 생활하는 사회를 만들 수 있을까. 개인의 문제가 아닌 사회의 문제라고 생각하고 많은 사람들과 함께 고민하고 싶다. 그리고 그런 사회를 만들고 싶다.

나무

일본 거주, 한일 통번역가&작가, 1인 세대, 52세

나이가 들어도 내 상황과 체력에 맞게, 하루에 몇 시간만이라도 일을 하면서 사람들을 접하고 내가 좋아하는 것들을 즐기면서 살 수 있으면 좋겠다. 누군가와 함께 살고 싶지는 않지만 다양한 사람들과 소통은 하면서 지내고 싶다. 도움이 필요한 상황이 되더라도 시설이 아닌 내 집에서 돌봄 서비스를 받고 주변 사람들과 관계를 유지하며 살다가 마당에 있는 그네에 앉아 따뜻한 햇살을 받으며 마지막 숨을 쉴 수 있기를.

계속 함께 살아온 가족들이 아니라면 그냥 혼자 지내는 것이 더 나을 듯.

고독사가 무섭지 않고 계속 혼자 살아와서 괜찮아.
끝까지 나답게 살다 떠날래.

혼자라서 외롭거나 불편하지 않았어.
나이가 들었다고 누군가와 함께 지내고 싶진 않아.

▶ 혼자? 함께? 고민 중

맞지 않는 남들과 같이 살기는 싫고 쓸쓸하게 혼자 지내다 떠나기도 싫고… 어떻게 하지?

▶ 누군가와 함께 살아야지

서로 마음을 나누고 도우며 사는 게 얼마나 든든하고 따뜻한 일인지 느끼고 있어.

남편이 죽고 혼자 남아 로봇과 이야기하다가 홀로 죽음을 맞이하기는 싫어.

지금은 혼자라도 괜찮지만 나이가 들면 누군가와 서로 도우며 살고 싶어.
불안해.

차례

3장 함께 어울려 살아가기

4장 인생의 마지막까지 나답게

5장 내 집에서 그대로 살고 싶은 나

1장

앞으로의 노인, 노후 생활은 지금과 다르다

60세부터 노인이라면 '노후'는 40년

"노인은 몇 살부터인가요?"

예전 같으면 환갑인 만 60세는 은퇴하고 조용한 노후를 준비할 나이다. 예순이 되면 첫 손주가 태어나고 마을 어귀 경로당에서 바둑 한 판 두는 일상이 자연스럽던 시절도 있었다. 그러나 지금, 60세는 어떤 의미일까?

어떤 사람은 60세에도 현역으로 일하고 어떤 사람은 75세에 제2의 인생을 시작하기도 한다. 평균수명이 85세에 가까운 요즘은 90세, 100세를 사는 사람들도 많다. 우리는 100세 시대를 맞이하고 있는데 아파트는 평균 30년이면 재건축 대상이 되고 일부에서는 20년만 지나도 재건축을 기대한 매매가 이루어지기도 한다. 60세에 환갑 기념으로 새 아파트에 입주해도 그 집에서 생을 마무리하기 어려울 수 있다는 의미다. 결국 60세 이후에 두 번째 인생을 살아야 한다면 '두 번째 인생을 담을 두 번째 집'도 미리 준비해야 한다.

길어진 노후, 집은 어떻게 달라져야 할까?

이제는 노후 40년을 담을 수 있는 집이 필요하다. 그것은 단지 오래 버

'나답게' 늙어갈 수 있는 집 **1**

티는 건물이라는 말이 아니다. 오히려 삶의 변화에 유연하게 반응하는 집, 신체 기능의 변화에 대응할 수 있는 구조, 삶의 외로움을 덜어 주는 집이어야 한다.

하지만 사실 그러한 집들은 많지 않다. 노인이 되면 선택지가 점점 더 줄어든다. 도심의 작은 아파트는 경사가 많고 문턱이 높다. 전원 속 단독 주택은 교통이 불편하고 병원이 먼 경우가 많다. 자녀와 사는 것은 부담 스럽고 요양 시설은 아직 들어가고 싶지 않다. 결국 어디에도 속하지 못 한 채 고민만 계속하면서 혼자 사는 고령자가 많다.

이제는 고령자들이 두 번째 인생을 준비할 수 있는 새로운 주거가 필 요하다. 집은 '소유'의 개념을 넘어서 '경험'하고 '삶의 가치를 찾는' 공간 이 되어야 한다. 내가 내 삶을 직접 꾸릴 수 있고 점점 약해지는 신체 기 능을 보완하며 사회와의 관계를 유지할 수 있도록 돕는 구조, 돌봄이 필 요한 시기가 오더라도 내 삶의 존엄이 무너지지 않도록 설계된 공간, 그 래서 나이가 들어도 '나다움'을 잃지 않을 수 있는 집이 필요하다. 하지만 지금 한국에 긴 노후의 시간을 살아 낼 집이 있을까? 대한민국의 주거 현 실을 살펴보면 '노후 40년'을 설계할 수 있는 집은 극히 드물다.

한국보다 조금 먼저 시작한 일본의 고령자 주거

한국과 일본은 모두 빠른 고령화를 경험하고 있지만 그 대응과 현실은 상당한 차이를 보인다. 일본은 한국보다 약 20년 먼저 초고령 사회에 진 입해 노인 친화적 주거 환경과 시스템 마련을 비교적 빠르게 추진했다.

현재는 노인들이 지역사회에서 독립적이고 자율적인 생활을 할 수 있도록 다양한 맞춤형 주택과 공동체를 만들고자 노력하고 있다. 대표적인 예로, 돌봄 서비스가 제공되는 고령자 전용 임대주택, 의료와 돌봄이 통합된 서비스 주택 등이 있다.

반면, 한국은 전통적으로 가족 중심의 돌봄 체계가 유지되었지만 최근에는 핵가족화와 도시화의 영향으로 독거 노인이 급격히 증가하고 있다. 많은 노인들이 기존의 낡은 아파트나 단독주택에서 홀로 생활하며 사회적 교류가 부족해 정신적 고립과 우울감을 경험한다. 이러한 경우에는 주택 시설 노후화, 의료 및 복지시설 부족으로 육체적 쇠약과 질병의 위험성도 크게 높아진다.

부자, 중산층, 저소득층 모두 선택지가 부족한 한국

의외일 수 있지만 한국에서는 경제적으로 풍요로운 고소득층 노인도 노후 주거에서는 선택지가 그리 많지 않다. 부유한 고령자가 선택할 수 있는 노후 주거는 두 가지로 압축된다. 하나는 고급 아파트나 단독주택, 또 하나는 초호화 요양시설. 문제는 이 집들이 '사는 공간'이라기보다는 '보여 주는 공간'에 가깝다는 사실이다. 호텔처럼 꾸며진 집과 시설 들은 겉에서는 화려해 보이지만 그 안에서 진짜 안전하고 편안하게 노후의 삶을 누릴 수 있을지 물으면 많은 사람들이 고개를 갸웃한다.

한편 빈곤에 시달리는 많은 저소득층 노인은 반지하, 쪽방, 고시원, 엘리베이터 없는 고층 빌라와 같은 곳에서 홀로 살아가고 있다. 겨울에는

'나답게' 늙어갈 수 있는 집 1

난방비가 부족하거나 보일러가 제대로 작동하지 않아 두꺼운 점퍼를 껴입고 여름이면 창문 하나 제대로 열지 못해 무더위에 쓰러지기도 한다. 단열이 되지 않아 습기와 곰팡이가 차고 계단은 무릎을 짓누른다.

정부가 제공하는 고령자용 임대주택은 수요에 비해 공급이 턱없이 부족하다. '로또'에 비유되는 고령자용 임대주택은 입주가 어려워 당첨되면 행운이라고 말한다. 입주 경쟁은 치열하고 대기 기간은 몇 년씩 길어져 때로는 그 기다림 속에 먼저 세상을 떠나기도 한다. 사회복지 차원에서 제공되는 요양시설은 많지만 그곳은 대부분 '돌봄'에 초점이 맞춰져 있어 자율성이 제한되고 활동 내용은 일괄적이다. 병원 같은 분위기 속에서 삶의 개성은 점점 사라진다. 어느 요양 시설에 주거하는 노인은 "밥 잘 나와요. 약 챙겨 줘요. 그런데… 사는 것 같지는 않아요"라며 한숨을 내쉬었다.

고소득층은 '럭서리한 외로움'을, 저소득층은 '절박한 생존'을 견디고 있다면 중산층 노인들은 어떨까? 딱히 정부의 지원을 받을 수도 없고 그렇다고 고급형 주거 시설에 입주할 경제적 여유도 없다. 게다가 지금은 자녀와 함께 사는 것도 쉽지 않다. 지금의 한국에서는 돈이 많아도, 돈이 없어도 내 삶을 담을 만한 집을 찾기 어렵다. 결국 선택지는 좁고 노후를 스스로 꾸려야 하는 현실 속에서 '나답게 늙어 갈 수 있는 집'이 없다는 노후의 불안감은 모든 계층에 퍼져 있다. 다양한 삶을 살아온 노인들에게는 그 다양성을 담아낼 수 있는 집이 필요하다.

사회와 개인이 함께 고민하고 준비해야 할 과제

이제 우리는 지금 새로운 질문을 던져야 한다. "노인은 어디에 살아야하는가?"가 아니라 "노인은 어떤 삶을 살아야 하는가?"라는 질문에서 출발할 때, 그 삶에 어울리는 주거를 계획하고 설계할 길을 찾을 수 있다. 60세부터 시작되는 긴 노후를 건강하고 풍요롭게 보내려면 단순히 물리적인 환경뿐 아니라 사회적 환경과 의료, 복지가 통합된 주거 환경 구축이 필수적이다. 좋은 구조의 집만 있으면 되는 것이 아니라 사회적 지원 시스템도 함께 갖춰져야 한다.

하지만 현재 한국의 준비 상황은 거의 제로에 가깝다. 이제라도 일본을 비롯해 우리보다 먼저 고령화 사회에 대응한 사례들을 참고해 노인들이 최대한 건강하고 생산적으로 생활하는 '사회적 자산'이 될 수 있도록해야 한다. 1장에서는 우선 과거와는 달라진 현재의 노후 생활에 대해잠시 생각해 보려 한다.

(필자: 김종석 · 김정근)

'마흔이 불혹, 환갑에 잔치'는 옛날이야기

60세에도 흔들리는 인생

사람들은 여전히 마흔이면 유혹에 흔들리지 않는 자아를 세워야 한다는 말을 듣고 예순이 되면 작은 파티라도 열어 기념해야 할 것 같은 기분을 느낀다. 하지만 현실에서는 많은 이들이 마흔에 새로운 인생 설계를 고민하고 환갑에는 새로운 직장을 찾느라 바쁘다. 50대에 창업을 준비하고 예순에 할리데이비슨 오토바이를 타고 칠순에 유튜버로 활동하기도 한다. 정해져 있는 흐름보다는 개인에 따라 각기 다른 흐름과 속도로 인생을 보내는 이들이 늘어나고 있다.

기대 수명이 늘어나고 고령화가 급격히 진행되면서 결혼, 출산, 은퇴 등 라이프 사이클 전반에 큰 변화가 생겼다. 이제 환갑은 더 이상 은퇴와 편안한 노후의 시작이 아니라 제2의 인생을 시작하는 중요한 출발점이 되었다. 수명이 80~90세에 이르면서 인생을 더 장기적인 관점에서 바라보는 새로운 시선이 필요해지고 있다.

달라진 라이프 사이클, 노인은 무엇을 해야 하나

1960년대 이후 성인의 라이프 사이클은 '20대 취업, 30대 결혼, 40대 자녀 양육, 60대 은퇴'와 같이 비교적 명확하고 전형적이었다. 결혼과 출산이 일찍 이루어졌고 출산율이 높아 다자녀 가구가 흔했다. 보통 60세 전후에 은퇴하면 가족과의 생활이나 여가를 즐기다 자연스럽게 인생의 마지막을 맞이했다.

하지만 이제는 환갑을 맞이한 이후에도 30년 이상의 시간이 주어지는 경우가 많다. 지금의 변화된 라이프 사이클에서는 결혼과 출산 연령이 크게 높아지고 출산율도 급격히 떨어져 고령의 독신 세대가 늘어나고 있다. 이처럼 자녀도 배우자도 없는 '싱글 라이프 사이클'이 등장하면서 새로운 주거와 사회적 문제들이 발생한다. 또한 요즘의 60, 70대는 그 어느 세대보다 활발하고 개성 있고 독립적인 성향을 갖고 있어 환갑을 맞이한 이후에도 20년 이상 활동적인 생활을 찾아 즐기는 사람들이 많다. 사회에서도 고령자에게 수동적으로 삶을 보내는 존재가 아니라 적극적이고 생산적인 사회 구성원이 되기를 기대한다. 노인 인구의 비율이 빠르게 높아지면서 그들의 경험과 지식을 사회에서 활용해야 한다는 이야기도 계속해서 나온다.

사실 은퇴 후 오랜 시간 동안 사회적으로 고립되지 않고 생산적인 활동을 지속하는 것은 개인의 행복과 건강 유지를 위해서도 매우 중요하다. 다양한 사회 참여 기회를 통해 고령자들이 자신의 가치를 재확인하고 지속적으로 사회와 연결될 수 있는 환경을 만들지 않으면 고령자뿐 아니라 젊은 세대까지 모두가 힘들어질 수 있다.

사회에서도 적극적인 제2의 인생을 지원

일본은 일찍이 고령화가 진행된 국가로서 고령자들이 은퇴 후에도 사회 활동을 계속 이어 갈 수 있도록 다양한 정책적 지원을 하고 있다. 기업들의 정년 이후 재고용을 의무화하고 지자체에서는 은퇴한 전문 인력을 지역사회의 공공 서비스, 교육, 상담 등의 분야에 활용하기 위한 프로그램을 운영한다. '실버 인재 센터'에서는 은퇴자들이 다양한 형태의 시간제 일자리를 찾을 수 있도록 도우며 경제적 안정과 사회적 교류를 동시에 지원한다.

한국에서도 최근 고령자의 지속적인 사회 참여에 대한 관심이 높아지고 있다. 그러나 아직은 퇴직 이후의 재취업과 사회 참여에 대한 제도적, 사회적 기반이 부족하다. 대다수의 노인은 은퇴 후 경제적 불안과 사회적 고립을 경험하고 있고 이것은 결국 건강 악화와 우울증 등으로 연결된다. 주거 형태는 대부분 과거의 '은퇴 즉시 휴식과 요양'에 맞춰 설계된 구조이기 때문에 현재와 미래 고령자들의 요구를 충족시키지 못한다.

나이 들면 정말 '실버타운'이나 '요양원'에 가야만 할까?

중년 이후의 사람들이 모이면 종종 "나도 더 나이가 들면 실버타운을 알아봐야 하나?"라는 이야기를 나눈다. 마치 나이가 들면 당연히 실버타운이나 요양원에 들어가야 하는 것처럼 여겨진다. 그런데 정말 우리가 노년에 살 곳이 이런 곳밖에 없을까?

실버타운이나 요양원은 분명 필요하다. 일상생활이 불편하거나 돌봄이 필요한 이들에게는 안전하고 안정적인 생활을 보장해 주는 중요한 선택지다. 하지만 우리의 노후 주거 '메뉴판'에 왜 이 두 가지만 올라와 있는 걸까? 모든 고령자가 같은 방식의 공간에 살아야 할 이유는 없다. 오늘날의 고령자들은 과거보다 더 건강하고, 더 활발하며, 무엇보다도 '나다움'을 지키며 살고 싶어 한다. 그러한 삶을 담아낼 수 있는 집은 반드시 돌봄 중심의 시설일 필요는 없다.

또한 급속하게 늘어나는 싱글 노인들의 사회적 고립, 경제적 불안정, 건강 관리의 어려움 등을 최소화하려면 혼자서도 독립적이고 안전한 생활을 유지할 수 있는 새로운 형태의 주거 모델도 필요하다. 개인 생활공간을 확보하면서도 공동 시설에서 사회적 교류를 할 수 있는 코하우징 모델, 돌봄 서비스를 제공하는 복합형 주택, 지역사회와의 관계를 유지할 수 있도록 다양한 참여 기회를 제공하는 커뮤니티 중심의 주거 시설 등을 생각해 볼 수 있다.

노인들을 위한 집은 단순한 안전을 넘어서 삶의 질과 다양성, 선택권을 보장하는 공간이어야 한다. 한 평짜리 고시원도, 호텔 같은 실버타운도, 병원 같은 요양원도, 이제는 노후 주거의 대안이 될 수 없다. 과거와는 다른 라이프 사이클로 우리의 삶이 변화하는 지금, 우리가 살아가는 공간도 달라져야 한다. 노후의 삶을 위한 주거 메뉴판은 훨씬 더 다양하고 풍성해져야 한다.

노후 주거에 대한 상상력을 발휘하자

삶의 길이가 길어진 만큼, 노후는 더 이상 여생이 아니라 또 하나의 인생 단계다. 신체가 서서히 쇠약해져도 본인이 원하는 모습으로 살아갈 수 있는 공간이 필요하다. 혼자 있어도 외롭지 않고 돌봄을 받더라도 의존적이지 않은 삶을 위한 집은 물리적인 편의성만이 아니라 관계와 역할, 소속감이 있어 '나이가 들어도 나의 존재 가치를 잃지 않는' 곳이어야 한다.

그래서 우리는 다양한 주거 형태를 상상해야 한다. 노후 주거는 단순히 안전하거나 돌봄을 받는 공간에 머무르는 것이 아니라, 지금까지 살아온 삶을 계속 이어 가는 것과 동시에 새로운 삶을 시작할 수 있는 기반이 되어야 한다. 나이가 들수록 돌봄만큼 많이 필요한 것은 더 많은 관계와 존중이다. 다양한 세대가 어울려 살고 지역사회와 연결되어 있으면서 삶의 주체로서 '자신의 역할'을 지킬 수 있는 집. 나이 듦이 두렵지 않고 오히려 기대되는 그런 집이 많아질수록, 우리는 늙어 가는 것이 고립이 아닌 연결임을 깨닫게 된다.

이제는 서로에게 "나이가 들면 어디에 가서 살지?"가 아니라 "어떤 곳에서 살아야 나답게 살아갈 수 있을까?"를 묻고 함께 고민하자. 우리 모두에게 노후에 대한 자유로운 상상력이 필요하다.

(필자: 김종석 · 김정근)

가족은 더 이상 노후의 기댈 곳이 아니다

노인이 노인을 돌보는 사회

고령화 사회에서 가족은 더 이상 노인의 마지막 보루가 될 수 없다. 과거 한국 사회에서는 삼대가 함께 살며 자식이 부모를 봉양하는 것이 미덕이었고 하나의 생애 주기처럼 여겨졌다. 하지만 지금은 시대가 달라졌다. 가족 구성원의 수가 줄었고 결혼과 출산을 기피하는 경향도 심해져 노인을 책임질 가족 자체가 점점 사라지고 있다.

이미 우리보다 한발 앞서 고령화 문제를 겪고 있는 일본에서는 '노인이 노인을 돌보는 가족'의 사회적 문제가 심각해지고 있다. 일본 내각부 자료에 따르면 2023년 기준 65세 이상 인구가 전체의 29.1%에 달했고 2040년에는 35%를 넘을 전망이다. 부모의 수명이 길어지면서 환갑이 넘은 자녀, 80세가 넘은 배우자가 가족을 돌보는 일이 흔해졌다. 몇 년 전에는 도쿄 외곽에 사는 어느 80대 여성이 치매에 걸린 85세 남편을 간병하다 지쳐 결국 함께 자살을 선택한 사건도 있었다. 이러한 사례는 비일비재하다. 이제는 자녀가 없는 경우도 많고 자녀가 있어도 멀리 떨어져 살거나 경제적 여유가 없어 실질적인 돌봄을 기대할 수 없는 경우가 많다.

본인 생활만으로도 벅찬 한국의 자녀 세대

한국도 이와 크게 다르지 않다. 통계청에 따르면, 2024년에 한국의 65세 이상 인구는 전체의 약 18%에 달했고 2025년에는 20%를 넘어 초고령 사회(고령자 비율 20% 이상)에 진입했다. 1인 가구의 비중은 전체의 34%를 넘어섰고 고령자 독신 가구도 급속도로 증가하고 있다. 특히 서울·경기권에서는 자녀와 따로 사는 노인이 전체 노인의 70% 이상에 달하고 자녀에게 정기적으로 경제적 도움을 받는 비율은 10%도 되지 않는다. 이것은 이제 '가족'이라는 안전망이 실질적으로 작동하지 않고 있다는 것을 의미한다.

자녀 세대의 여건도 녹록지 않다. 불안정한 고용, 높은 주거비, 육아 부담 등으로 인해 자신의 생존조차 위협받는 상황에서 부모 세대를 온전히 부양하는 것은 현실적으로 불가능하다. 실제로 30~40대의 상당수는 "나의 노후 준비조차 벅차다"고 말한다. 부모 부양은커녕 본인의 은퇴 이후 삶도 불안하다. 이로 인해 자녀와 부모 간의 정서적 유대는 유지되더라도 물리적·경제적 돌봄은 점점 요양 시설이나 외부 기관에 위임하는 구조로 바뀌고 있다.

스스로 자신의 노후를 책임져야 하는 부모 세대

그렇다면 부모 세대는 어떻게 해야 할까? 더 이상 자녀에게 의존하는 삶을 전제할 수 없는 만큼, 스스로 노후의 독립성과 자립성을 확보하는 것이 필수가 되었다. 경제적인 준비는 물론이고 요양과 간병에 대한 제도적 선택지(장기요양보험, 실버타운, 커뮤니티 케어 등)도 스스로 알아보고 결정해 계획해야 한다.

일본에서는 최근 '노노(老老) 세대의 자립'을 위한 지역 커뮤니티 기반 돌봄 시스템이 확산되고 있다. 한국 역시 지역 단위의 커뮤니티 케어, 공공형 실버타운, 노인 돌봄 로봇 및 AI 서비스 등 사회적 실험이 활발히 진행되고 있다. 이러한 변화가 가족의 해체로 느껴질 수도 있지만 한편으로는 개인의 존엄성과 삶의 질을 지키기 위한 새로운 진화라고 볼 수 있다. '가족이 모든 것을 책임져야 한다'는 고정관념에서 벗어나 노인 스스로가 삶의 주체로서 선택하고 준비하는 방향으로 사회 전체가 변화하고 있다. 이제 우리의 과제는 '가족 중심의 노후'에서 '사회와 연결된 자립적 노후'로 잘 전환하는 것이다.

복지 선진국인 프랑스도 겪은 과정

이와 같은 가족 돌봄의 한계는 비단 동아시아만의 문제가 아니다. 복지 선진국으로 꼽히는 프랑스 역시 고령화와 가족 구조의 변화로 인해 전통적인 가족 돌봄이 어려워지는 과정을 거쳤다. 프랑스는 일찍이 고령화 사회에 진입했고 정책적으로 빠르게 대응했지만 가족이 더 이상 노인의 주된 돌봄 제공자가 될 수 없게 되면서 문제들이 발생했다.

현재는 65세 이상 고령자의 상당수가 자녀와 떨어져 단독으로 주거한다. 이들은 자녀와의 정기적인 왕래보다는 지역사회의 돌봄 서비스나 공공 지원에 의존하는 경우가 많다. 부모를 부양하는 자녀가 줄고 있고 특히 중산층 이상에서는 돌봄 서비스를 구매하는 경향이 높아지고 있다. 프랑스 정부는 60세 이상의 고령자 중 일상생활에서 도움이 필요한 사람들에게 APA(자율성 맞춤 수당)를 지급해 가족이 아닌 외부 돌봄 인력을 고용하거나 방문 요양 서비스를 받는 데 사용할 수 있도록 한다. 또한 다양한 주거 모델을 마련해 노인의 자율성과 존엄을 보장하는 것과 동시에 가족에게 과도하게 집중되었던 돌봄 부담을 사회적으로 분산하려 하고 있다.

이것은 국가가 가족 돌봄을 대체하거나 보완하는 재정적 기반을 제공하면서 돌봄을 '가족 중심'에서 '사회적 연대 중심'으로 바꾸려는 시도라고 할 수 있다. 또한 가족의 역할은 정서적 지지만으로 국한하고 돌봄은 외부에 위탁하는 방향으로 바뀌고 있음을 보여 주는 것이기도 하다. 현재 프랑스에서는 노인 스스로 자신의 돌봄 방식을 선택하고 조율하는 사회적 분위기가 형성되어 있다.

이러한 프랑스의 사례는 우리에게 시사하는 바가 크다. 고령화는 단순히 인구의 문제가 아니라 돌봄의 주체가 '개인에서 사회로' 옮겨 가는 패러다임 전환을 요구하는 구조적인 변화이다. 가족이 책임져야 한다는 오래된 통념에서 벗어나 노인 자신, 가족, 사회 모두가 협력해 돌봄의 새로운 모델을 만들어야 할 때다.

(필자: 김종석)

좋든 싫든 혼자 살게 되는 인생

더 이상 특별하지 않은 고령자 독신 가구

고령화 사회의 도래와 함께 찾아온 큰 변화 중 하나는 '노인의 독신화'이다. 혼자 사는 노인은 더 이상 소수의 특수한 사례가 아니라 보편적인 생애 단계 중 하나로 자리 잡았다. 통계청에 따르면 2024년 시점에 65세 이상 고령자 가구 565만 5,000가구 중 약 37.8%에 해당하는 213만 8,000가구가 '1인 가구'였다. 홀로 사는 고령자의 비율은 매년 꾸준히 상승하고 있다. 특히 80세 이상에서는 여성 혼자 사는 비율이 남성보다 두 배 이상 높다. 배우자의 사별이나 비혼, 이혼 등 이유는 다양하지만 공통점은 '결국에는 누구나 혼자 살게 될 가능성이 높다'는 것이다.

이러한 변화는 개인의 정서나 주거 형태를 넘어서 사회 전반의 변화를 요구한다. 혼자 사는 노인은 정서적 고립감과 외로움에 더 많이 노출되고 이것은 우울증, 자살 충동, 인지 기능 저하로 이어질 가능성이 크다. 실제로 보건복지부 조사에서는 홀로 사는 65세 이상 노인 중 40% 이상이 '심한 외로움'을 경험한다고 답했다. 또한 혼자 사는 고령자는 돌발 상황에 대한 대응력이 낮고 건강 악화나 사고가 발생했을 때 적절한 대응이 어려워 건강 상태가 급격히 나빠질 위험도 높다.

경제적으로도 문제가 심각하다. 혼자 사는 노인은 소득원이 제한적이고 배우자의 도움이나 자녀의 지원을 기대하기 어려운 경우가 많다. 기초연금, 국민연금 등 공적 연금은 기본 생계를 유지하기에도 빠듯한 수준이다. 특히 노후에 가장 큰 부담이 되는 의료비와 돌봄 비용을 가족의 도움 없이 본인이 전적으로 감당해야 한다는 점에서 경제적 취약성이 극심해진다. 이 같은 고령자 단독 가구의 증가는 주거 정책, 지역 복지, 응급 대응 시스템 등 다양한 사회 인프라의 새로운 수요를 만들어 낸다.

여전히 안타까운 사례로만 보는 사회

일본은 독신 고령자 문제에 우리나라보다 먼저 직면했다. 현재 일본의 65세 이상 고령자는 30% 이상이 혼자 살고 있고 특히 도쿄 등 대도시에서는 35~40%에 달한다. '고독사'라는 사회적 현상이 광범위하게 논의되면서 이에 대한 정책적 대응도 다양하게 이루어지고 있다. 예를 들어 일부 지자체에서는 혼자 사는 고령자를 위한 '안부 확인 서비스'를 확대하거나 AI 센서를 이용한 '원격 생체 모니터링 시스템'을 도입하고 있다. 민간 보험사에서는 '고독사 보장'이라는 새로운 상품까지 내놓는 등 혼자 사는 고령자에 대한 사회적 이해도 높다.

반면 한국은 여전히 '혼자 사는 노인'을 예외적이고 안타까운 사례로 여기는 수준이다. 정책적으로도 '위기 개입' 수준에 머무르고 있고 예방적·지속적 돌봄 시스템은 미흡하다. 현재 정부가 제공하는 독거노인 관리 서비스는 안부 전화를 통한 이상 유무 확인에 초점이 맞춰져 있고 정

서적 지원이나 일상생활 보조와 같은 실질적인 도움은 부족하다. 의료
체계와 연계가 잘되지 않아 응급 상황이 생겨도 즉각 대응이 어려운 경
우가 많다.

혼자 살아도 불안하지 않은 사회

노인의 나 홀로 거주는 단순히 노인 본인만의 문제에 그치지 않는다.
이는 전체 인구 구조와 지역사회 구성, 복지 재정의 지속 가능성에 직접
적인 영향을 끼친다. 앞으로 1인 고령자 가구는 더 늘어날 것이고 이에
대한 준비가 부족하면 일본과 같은 '고독사' 문제뿐 아니라 '사회적 의료
붕괴'라는 더 큰 위기를 맞이할 수도 있다.

지금 우리가 해야 할 일은 분명하다. 혼자 사는 노인을 동정의 대상으
로 바라보는 시각에서 벗어나 이들의 독립적이고 존엄한 삶을 정책적으
로 보호해야 한다. 주거, 의료, 정서, 커뮤니티를 아우르는 통합적 대응
이 필요하고 그 중심에는 '혼자이지만 결코 단절되지 않는 삶'을 보장하
는 사회 시스템이 있어야 한다. 이제부터라도 누구나 혼자 살 수 있고 혼
자 살아도 불안하지 않은 사회를 만들어 가야 한다.

(필자: 김종석)

'나답게' 늙어갈 수 있는 집 **1**

'노후의 집'에 필요한 것들

노년기 삶의 질을 좌우하는 집

노후의 주거 공간은 단순히 잠을 자고 쉬는 장소가 아니다. 일을 하던 시기에는 외부에서 보내는 시간이 길고 집은 일상의 한 부분일 뿐이다. 젊은 시절이나 중년기까지는 주거 공간이 직장이나 육아 등 다양한 활동의 거점 역할을 한다. 그러나 은퇴 후에는 집 자체가 삶의 중심이 되고, 주거 환경의 쾌적함과 기능성이 일상의 만족도를 크게 좌우하게 된다. 은퇴 이후 하루의 대부분을 보내는 공간이 바로 '집'이기 때문이다.

특히 일반적으로 65세 이후부터는 사회적 활동이 줄고 물리적인 이동도 적어지기 때문에 집의 의미가 완전히 달라진다. 이제 집은 나의 일상, 건강, 관계, 정체성을 모두 품는 공간이 된다. 따라서 자신의 노후를 어디에서, 어떻게 보낼지 스스로 고민하고 선택하는 것은 우리 모두에게 직면한 과제다. 노년기 주거에 대한 진지한 고민이 그 어느 때보다 중요해지고 있다.

관계 유지에 도움이 되는 형태와 환경

노년의 고립은 세계적으로도 심각한 문제다. 한국과 일본 모두 '고독사'라는 단어가 일반화될 정도로 혼자 사는 고령자들의 사회적 단절이 사회적 이슈가 되고 있다. 이러한 고립을 막기 위해서는 단순한 커뮤니티 참여 권장만으로는 부족하다. 관계가 자연스럽게 만들어질 수 있는 주거의 형태를 고민해 볼 필요가 있다.

일본에는 마을 단위의 교류 활동이나 주기적으로 함께 식사하는 모임, 공용 주방과 거실을 공유하는 형태의 주거 모델 등이 있다. 어느 지역에서는 일주일에 두세 번 정해진 시간에 마을 공용 공간에서 차를 마시며 이웃과 자연스럽게 안부를 주고받는다. 강제적인 모임이 아니라 스스로 선택할 수 있고 다가가기 쉬운 관계 형성이 핵심이다.

노년기의 집은 다른 사람들과 감정적으로 연결되고 사회적 존재감을 유지할 수 있는 구조가 되어야 한다. 일본에서는 종종 '문을 열면 바로 사람이 보이는 공간 설계'가 필요하다는 말을 한다. 적절한 거리감을 유지하면서도 수시로 소통할 수 있는 공간은 삶의 활기를 유지하는 원동력이 되기 때문이다.

'안전'과 '안심'이 무엇보다 중요

물론 물리적인 환경의 재구성도 중요하다. 나이가 들면 신체 기능 저하를 피할 수 없기 때문이다. 시력이나 청력이 서서히 감퇴하면서 젊은 시절에는 별것 아닌 것처럼 느껴졌던 작은 단차나 미끄러운 바닥이 예상치 못한 낙상의 원인이 되기도 한다. 또한 다리와 허리 통증, 관절 가동 범위 제한으로 인해 이동이 어려워지고 외출에 대한 의욕이 떨어질 수도

'나답게' 늙어갈 수 있는 집 ❶

있다. 따라서 노년기 주거에서는 무엇보다 '안전성'을 최우선으로 고려해야 한다. 이것은 이상적인 조건이 아니라 일상생활을 온전히 유지하기 위한 필수적인 요소이기 때문이다.

따라서 간병이 필요해지기 전에 집을 돌봄에 적합한 형태로 바꿀 필요가 있다. 예를 들어, 단차 없는 평평한 바닥, 복도·화장실·욕실 등에 설치된 난간, 미끄럼 방지 바닥재, 발밑을 밝히는 야간 조명 등은 이동할 때 안정성을 높여 낙상 위험을 크게 줄일 수 있다. 응급 상황이 생겼을 때 신속하게 도움을 요청할 수 있는 신고 시스템은 홀로 사는 노인에게 생명 줄과도 같다. 또한 휠체어 이동이나 부축이 필요한 경우를 고려한 배리어프리 설계는 미래에도 안심하고 생활하기 위한 준비이다.

최근에는 감지 센서가 낙상 사고가 생기면 즉시 보호자와 의료기관에 알림을 보내 주고 인공지능 스피커가 복약 시간을 기억해 음성으로 알려 주기도 한다. 원격으로 커튼을 열어 아침 햇살이 들어오게 하는 장치 등의 스마트홈 기술, 원격 모니터링 시스템도 있어 이러한 기술을 잘 활용하면 더 오랫동안 내 집에서 자율성을 지키며 살아갈 수 있다.

나답게 생활할 수 있는 공간으로

나이가 들어 몸이 약해지고 삶의 방식이 바뀌어도 '나답게' 살아가고 싶어 하는 사람의 본질적인 욕구는 변하지 않는다. 노년기에는 이전보다 활동량이 줄고 생활 반경이 좁아질 수 있지만, 주거 공간에 개인의 취향과 가치관을 잘 반영한다면 삶의 질을 높이고 더 만족스러운 일상을 누릴 수 있다.

노년기의 주거 공간은 안전하고 편안하면서도 오랜 세월 동안 쌓아 온 삶의 방식과 취향을 존중하는 공간이어야 한다. 사진 한 장, 오래된 가구 하나가 주는 정서적 안정은 요양시설의 획일화된 인테리어와는 비교가 되지 않는다. 본인이 좋아하는 인테리어에 오랜 시간 함께해 온 물건들이 있는 곳은 단순한 주거지가 아니라 '나'를 온전히 담아낸 공간이 된다. 이러한 것들이 심리적으로 안정감을 주고 자신이 살아온 시간을 긍정적으로 받아들이는 데 도움을 준다.

또한, 취미와 관심사를 지속할 수 있는 환경을 마련하는 것도 중요하다. 그림을 그리고 싶다면 작업 공간을 마련하고 음악을 즐긴다면 좋은 음향 시설을 갖춘 공간을 만드는 등의 방법으로 생활에 즐거움을 더할 수 있다. 단순한 취미 활동을 넘어 자기 표현의 수단이 되며 삶의 활력을 유지하는 데 중요한 역할을 한다.

결국 노년기의 주거는 단순한 거처가 아니라 삶의 의미를 유지하고 자신의 정체성을 존중하는 장소가 되어야 한다. 개인의 라이프스타일과 가치관을 반영한 공간에서 살아가는 것은 삶의 질을 결정짓는 중요한 요소이다. 따라서 '나답게' 살 수 있는 공간을 고민하는 것은 곧 노년기의 삶을 풍요롭게 만드는 과정이라 할 수 있다.

주거 공간에 대해 진지하게 고민해 볼 때

노년의 삶은 길어졌고 그만큼 그 삶을 어떻게 살아갈 것인가에 대한

 '나답게' 늙어갈 수 있는 집 **1**

고민도 깊어졌다. 다양한 시설들이 마련되어 있는 일본에서도 대부분의 고령자들이 '시설에 가기보다는 내 집에서 나답게 살고 싶다'라고 말한다. 이것은 단지 익숙한 공간에 머무르고 싶다는 뜻이 아니다. 자신의 선택과 생활 방식이 존중받는 공간에서 살고 싶다는 외침이다.

주거 공간은 노후의 행복을 좌우하는 중요한 요소다. 지금의 집이 과연 미래에도 나를 지켜 줄 수 있는 공간인지, 아니면 지금부터라도 바꿔야 할 부분이 있는지 한 번쯤 자문해 보길 바란다. '집'이라는 가장 개인적인 공간을 통해 우리는 가장 인간다운 노후를 꿈꿀 수 있다.

(필자: 류재광)

수명이 길어지며 중요해진 '건강 나이'와 '감속 노화'

김종석 박사

차의과학대학교 통합의학대학원 원장

한국인의 기대 수명이 83세를 넘어 '100세 시대'라는 말이 더 이상 과장이 아닌 상황이 되었다. 사회는 여전히 '얼마나 오래 사는가'에 초점을 맞추고 있지만 사람들은 이제 삶의 양보다는 질, 단순한 생존보다는 활력 있는 삶을 더 중요하게 생각한다. 이러한 맥락에서 '건강 나이(Health Age)'라는 개념이 주목받고 있다. 건강 나이는 생물학적 나이와는 별개로 신체적·정신적 기능을 얼마나 유지하고 있는가를 나타내는 지표다.

20세기 중반까지 건강은 '질병이 없는 상태'로 인식되었다. 하지만 시간이 흐르며 건강에 대한 사회적 정의는 바뀌었다. 1980~1990년대에는 만성 질환의 조기 진단과 관리가 강조되었고 2000년대부터는 '삶의 질(QOL)'이라는 개념이 본격적으로 부상했다. 최근에는 한 걸음 더 나아가, 단지 병이 없다는 것이 아니라 일상생활을 스스로 주도하고 사회와 연결되어 활동할 수 있는 상태를 건강으로 본다. 건강의 개념이 '정지된 상태'가 아닌 적극적으로 유지하고 관리하는 '능동적 상태'로 확장되고 있다.

이제는 단순히 오래 사는 것만으로는 고령자의 삶을 설명하지 못한다. 같은 75세라고 해도 자전거를 타고 동네를 누비며 봉사 활동을 하는 사람이 있는가 하면 병상에 누워 요양하는 사람도 있다. 건강 나이의 차이는 노후의 삶의 질을 결정짓는 핵심 변수다. 특히 건강 나이가 낮은 고령자는 의료비 부담이 크고 사회적 고립, 우울증, 요양시설 입소 등 여러 문제에 직면하게 된다. 반면, 건강 나이가 젊은 고령자는 지역사회에 활발히 참여하며 생산적인 노후를 보낼 수 있다. 개인의 삶의 질뿐만 아니라 사회의 지속 가능성까지 좌우하는 변수인 셈이다.

세계적으로 확산되는 노화관리 트렌드

이러한 인식 변화에 발맞춰 세계 각국은 '치료 중심'에서 '예방과 관리 중심'으로 정책의 방향을 전환하고 있다. 일본은 세계에서 가장 빠르게 고령화된 나라로서 프레일 예방 운동, 지역 중심 건강 커뮤니티, 건강수명 연장 프로젝트 등을 시행하고 있다. 미국에서는 유전자 기반 맞춤형 헬스케어, 디지털 헬스 앱, 웨어러블 기기를 이용한 실시간 건강 모니터링이 활발하다. 북유럽에서는 '운동 처방' 제도와 함께 평생 건강 습관 교육이 공공 시스템에 통합되어 있다.

건강 나이를 유지하고 높이기 위한 시도는 단지 의료의 영역에 머무르지 않는다. 전 세계적으로 '웰에이징(Well-Aging)'이라는 말이 일상어처럼 사용되고 있고 실리콘밸리에서는 '노화 억제 보조제(NMN, 레스베라트롤, 푸라티놀 등)'와 '바이오해킹(Biohacking)'이 유행처럼 퍼지고 있다. 북유럽에서는 시니어 전용 피트니스 센터, 사회적 처방(Social Prescription) 프로그램이 활발하고 스페인과 이탈리아 등에서는 명상, 식물 요법, 슬로푸드 운동이 고령층의 건강나이 유지 전략으로 활용되고 있다. 이러한 흐름은 '건강'이라는 것이 더 이상 병원에서만 지켜지는 것이 아니라 삶의 전반에서 스스로 만들어 가는 능력이라는 인식이 퍼지고 있음을 보여 준다.

여전히 치료 중심인 한국의 건강 관리

한국은 빠르게 고령화되고 있지만 아직도 건강 관리는 '치료 중심의 병원 시스템'에 치우쳐 있다. 이제는 건강 나이를 중심으로 하는 예방적, 생활밀착형 건강관리 체계로 전환해야 한다.

이를 위해 필요한 것들을 이야기해 보자면, 첫째로 40대부터 시작하는 '건강 나이 진단 프로그램'과 '예방 중심의 건강 상담 체계'가 필요하다. 둘째, 지역 커뮤니티 기반의 '건강 습관 교육'과 '운동 중심 커뮤니티'를 확장해야 한다. 셋째, 디지털 기술을 활용해 개인의 건강 지표를 추적하고 맞춤형 건강 가이드를 제공하는 AI 기반의 건강 플랫폼 도입도 시급하다. 마지막으로, 중장년층과 고령층이 자신의 건강을 '관리할 수 있다'는 자율성과 책임감을 가질 수 있도록 심리적 지원과 동기부여 시스템을 구축해야 한다.

'나답게' 늙어갈 수 있는 집 **1**

감속 노화, 그리고 삶을 다스리는 태도 '중용(中庸)'

'늙는 건 막을 수 없지만, 늙는 속도는 조절할 수 있다.'

이것은 오늘날 항노화 의학과 건강 철학이 지향하는 핵심 메시지다. 평균 수명은 꾸준히 늘고 있지만 건강하게 활동할 수 있는 시간은 그보다 훨씬 짧다. 즉, 우리는 '오래 사는 법'이 아니라 '건강하게 오래 사는 법'을 고민해야 하는 시대에 살고 있는 것이다.

이처럼 상황이 바뀌면서 주목받는 개념이 바로 '감속 노화(Slow Aging)'다. 이것은 단지 병의 진행 속도를 늦추는 의학 기술만을 뜻하는 것이 아니라 삶의 태도와 일상의 균형을 통한 총체적인 접근을 의미한다. 노화의 속도를 늦춘다는 것은 자연의 흐름을 억지로 거스르지 않으면서 현명하게 적응하는 삶의 기술이기 때문이다.

주역과 유교에서 말하는 '중용'은 단순히 '중간을 택하라'는 의미가 아니다. 그것은 극단을 피하고 자연의 이치에 맞는 균형과 조화를 유지하며 살아가는 방식을 뜻한다. 공자는 "중용이란, 지나침도 모자람도 없이 천명에 따라 살아가는 것이다"라고 말했다.

이 사상은 현대의 감속 노화 철학과 놀랍도록 닮았다. 최신 과학이 말하는 항노화의 핵심 역시 과도함과 부족함을 피하는 것, 즉 '생리적 중용'을 유지하는 것이다. 지나친 칼로리 섭취는 염증과 당 대사를 악화시키고 과도한 단식은 근육량을 줄게 만들 뿐 아니라 피로를 유발한다. 격한 운동은 오히려 산화 스트레스를 높이고 운동 부족은 대사증후군으로 이어진다. 결국 감속 노화란 '지나침도, 모자람도 없이' 내 몸에 맞는 중용의 리듬을 찾는 과정이다.

이러한 '중용의 삶'은 과학 기술이 발달하기도 전, 수천 년 동안 지속 가능한 생활 방식으로 실현된 적이 있다. 바로 '블루존'이다. 이탈리아 사르데냐, 일본 오키나와, 코스타리카의 니코야, 그리스 이카리아, 미국 캘리포니아의 로마린다 등은 전 세계에서 100세 이상 건강하게 장수하는 인구 비율이 가장 높은 지역을 말한다. 이들의 삶은 과학 이전에 이미 자연에 순응하며 절제하는 삶, 즉 '중용의 철학'을 실천했다. 블루존의 사람들은 고지식하거나 금욕적인 삶을 살았던 것이 아니라, 사람들과 연결된 상태에서 자연스럽게 절제하며 즐겁게 생활하는 중용적 태도를 삶에 녹여 낸 것이라 할 수 있다.

블루존 사람들의 생활 습관

- 소식(小食): 배가 80% 차면 식사를 멈추는 식사법(오키나와의 '하라하치부')
- 소유와 소비의 절제: 검소하고 단순한 생활, 과시적 소비 없음
- 사회적 균형: 강한 가족 유대와 지역 공동체 안에서의 역할 유지
- 심리적 안정: 명확한 삶의 목적, 일상의 루틴
- 자연과 동화된 활동: 걷기, 농사, 집안일 등 신체를 무리 없이 꾸준히 쓰는 방식

감속 노화를 위한 현대의 과학적 접근

현대 의학은 이러한 중용의 원칙을 과학으로 해석해 구체화하고 있다.

1. 멧포민(Metformin)

당뇨병 치료제로 사용되던 멧포민은 최근 노화 속도 자체를 조절할 수 있는 약물로 연구되고 있다. 멧포민은 혈당을 안정시키고 세포 대사 효율을 높이며 염증을 억제한다. 미국에서 진행 중인 TAME 프로젝트는 노화를 질병처럼 다루는 세계 최초의 임상시험이다.

2. 미토콘드리아 기능 회복

미토콘드리아는 세포의 '에너지 공장'이다. 노화가 진행될수록 그 기능은 떨어지는데, NAD+, 유비퀴놀, 코엔자임Q10 등의 보충은 세포 에너지 대사와 회복 탄력성을 도와준다. 이 역시 '부족함도 과도함도 아닌' 세포의 적절한 에너지 균형을 맞추는 것이 핵심이다.

3. 글로벌 바이오 기업들의 연구

알토스랩스(Altos Labs)는 유전자 리프로그래밍으로 세포를 다시 젊게 만드는 기술을 개발하고 있다. 구글의 계열사인 칼리코(Calico)라는 회사는 암과 노화를 함께 다루며 노화를 억제하는 타깃을 찾고 있다. 주비논(Juvenon)은 노화세포 제거 기술(Senolytic)에 집중하고 있고 미국 생명공학 기업인 로얄(Loyal)은 반려동물의 노화 억제에서 인간 임상으로 확장하고 있는 단계에 있다.

이것들은 모두 같은 방향을 추구하고 있다. 노화를 역행하는 기술이 아닌 노화를 다스리는 기술, 즉 '중용의 기술화'이다.

과학과 철학의 교차점

감속 노화는 단순히 기술적인 도전이 아니다. 어떻게 살아야 하는가에 대한 철학적 질문이자 그에 대한 과학적인 해답이다. 중용에 '군자는 과불급을 피하고 때에 맞게 조화를 이룬다'라는 말이 나온다. 이 시대의 '군자'란 자신의 생체 리듬을 이해하여 무리하지 않고 자신을 스스로 돌볼 줄 아는 사람일 것이다.

감속 노화는 우리가 유전자를 조작하거나 시간을 멈추려는 것이 아니다. 오히려 자연의 속도에 귀를 기울여 내 몸이 허락하는 균형점을 찾는 과정이다. 바로 그때, 우리는 '늙음'을 통제 가능한 삶의 일부로 받아들이고 노화조차 삶의 조화 속에 넣을 수 있게 된다.

일본에는 어떤 고령자 시설들이 있나

◆ 서비스 제공 고령자 주택(서고주)

일본의 대표적인 민간 고령자 주거 시설로서 법적으로는 배리어프리 구조와 상주 직원을 통한 안부 확인, 생활 상담 서비스 제공이 필수 요건이다. 요양병원이나 요양원과는 달리 간병 및 의료 서비스는 의무가 아니지만 옵션으로 제공하는 곳도 있다. 대부분 유료로 식사를 제공해 다소 몸이 불편하거나 약해져도 독립적인 생활을 유지할 수 있는 것이 특징이다.

외형은 한국의 빌라와 유사하며 정원은 20명에서 50명 정도인 곳이 많다. 개인실에 침실, 화장실, 세면대, 수납 등이 갖춰져 있고 목욕탕과 식당은 공용으로 사용하는 것이 일반적이다. 한 달 비용은 도심은 10~35만 엔으로 매우 다양하며 주로 중산층이 이용할 수 있는 가격대이고 지방의 경우 간혹 6~7만 엔 정도로 매우 저렴한 곳도 있다. 방문요양 사업소를 병설해 필요할 때 바로 서비스를 받을 수 있는 곳도 있고 임종 서비스까지 해 주는 곳도 있다. 중산층 독거 노인을 위한 시설로서 고령자 주택 공급을 시작하는 한국에서도 우선적으로 고려해야 하는 형태 중 하나이다.

◆ **유료노인홈**

민간에서 운영하는 시설로서 한국에서 실버타운이라고 부르는 고급 고령자복지주택과 비슷하다고 볼 수 있다. 실버타운과 요양원이 접목된 '개호형 유료노인홈'이 많았으나 최근 외부 방문요양 서비스를 이용하는 주택형 유료노인홈이 크게 늘고 있다. 개호형 유료노인홈은 한국의 요양원처럼 장기요양, 서비스, 주거 공간을 포괄적으로 제공하지만 건강할 때도 입주할 수 있다는 점, 입주한 이후에 요양 등급을 받아도 시설에서 각종 서비스를 받으며 임종까지 맞이할 수 있다는 점이 다르다.

입주자 3명당 요양보호사 1명 이상을 배치해야 하며 직원들이 직접 서비스를 제공하기 때문에 방문요양 서비스를 이용할 때 별도로 계약해야 하는 번거로움이 없다. 다만 다른 시설에 비해 비용이 비싼 것이 단점이다. 입주할 때 거액의 입주 일시금을 요구하는 경우가 대부분이며 금액은 몇 백만 엔에서 몇 천만 엔까지 다양하다. 매달 지불하는 비용은 일시금을 얼마나 납부했는가에 따라 20만 엔대부터 200만 엔대까지 폭넓다.

◆ **특별양호노인홈(특양)**

개호보험이 적용되는 대표적인 공공 고령자 시설로서 한국의 요양원과 유사하며 임종 서비스까지 제공하는 곳이 많다. 요개호3 이상 인정자로서 상시 도움이 필요한 사람이 주요 대상이기 때문에 주거용 주택이라기보다는 '시설 개호'로 분류하는 것이 적합하다. 과거에는 4명이 한 방

　　　　　　　　　　　'나답게' 늙어갈 수 있는 집 🏠

을 사용하는 다인실이 일반적이었으나 현재는 가정집과 유사한 구조로 개인 침실이 있고 거실, 식당 등 공용 공간을 10명 정도가 같이 사용하는 유닛형이 널리 보급되어 있다.

한국과 달리 주로 사회복지법인인 운영하며 한 달 9~15만 엔으로 다른 시설보다 저렴해 지역에 따라서는 대기해야 입소할 수 있다. 개호 직원이 24시간 상주하며 간병부터 입욕, 배설, 식사, 레크레이션 활동까지 폭넓게 지원한다. 개호 직원은 입주자 3명당 1명 이상, 개호지원 전문원과 생활상담원은 100명당 1명 이상, 영양사와 기능훈련 지도원은 1인 이상을 배치해야 한다.

◆ 컬렉티브하우스

각자 독립된 세대에서 생활하면서 주방, 식당, 세탁실 등은 공용으로 사용하고 느슨한 커뮤니티 활동을 하는 공동체 주거 모델이다. 입주 가능한 연령대가 정해져 있지 않고 아이가 있는 가정, 독신, 부부 등 다양한 형태의 세대가 모여 서로 교류하며 지내기 위해 만들어진 모델로서 고령자 전용 시설은 아니지만 자립 생활이 가능한 액티브 시니어가 입주해 생활하는 경우가 많다.

입주자들이 공동 관리, 공동 운영하는 것이 기본이며 이를 위해 정기적으로 입주자 회의를 개최한다. 컬렉티브하우스는 1930년대 북유럽에서 시작된 모델로서 일본에서는 2003년 도쿄 아라카와구에 세워진 '칸칸모리'가 최초이다. 수도권을 중심으로 그 수가 늘어나긴 했지만 전체 고령자 주택 및 시설 수에 비하면 아직은 소수이다.

◆ 그룹홈

치매 고령자를 위한 소규모 공동생활 시설로서 일반적으로 5~9명을 하나의 유닛으로 묶어 생활하도록 하며 유닛은 최대 3개가 상한이다. 일반 가정과 비슷한 환경을 만들고 청소, 세탁 등의 일상 업무에 입주자도 참가시켜 치매 증상 악화를 예방한다. 개별 케어와 사회적 교류를 중시한다.

본래 그룹홈은 고령자뿐 아니라 장애인, 부모와 동거할 수 없는 아이 등 사회적 약자가 일반 주택에서 소규모로 지원을 받으며 생활하는 시설을 의미하지만 일본에서 그룹홈이라고 하면 대부분 치매 고령자를 위한 시설을 떠올린다.

◆ 개호의료원

요양 등급을 받은 고령자 중 의료적 요구는 높지만 입원 치료가 필요하지 않은 이들이 입주하여 의료, 간병, 일상생활 지원 서비스를 제공받는 시설이다. 과거 입원 치료가 필요하지 않은 고령자들이 요양 병상에 장기간 머무르는 '사회적 입원'이 문제로 지적되자, 이를 해소하기 위해 의료, 간병, 생활 지원 기능을 겸비한 개호의료원이 도입되었다.

의료 서비스를 제공하는 요양시설이다 보니 주로 의료법인이 운영하

     '나답게' 늙어갈 수 있는 집 **1**

며 긴급 콜 설치, 24시간 지원 체제, 요양실 한 방 정원 4명 이하를 비롯해 입주자 수에 따른 의사, 간호사, 약사, 물리치료사, 요양보호사의 배치 기준 등이 엄격하게 규정되어 있다.

◆ 개호노인보건시설

병세가 안정되어 더 이상 입원 치료는 필요 없으나 재활 치료나 간호, 돌봄이 필요한 요개호자에게 재택 복귀를 목표로 서비스를 제공하는 시설이다. 병원과 자택을 연결하는 '중간 시설'이라고 할 수 있다. 주로 의료법인이 운영하며 일상으로의 복귀가 주된 목적이기에 장기 입주가 불가능하고 원칙 3개월로 정해져 있다. 개호의료원과 마찬가지로 입주자 수에 따라 전문 인력 배치 기준 등이 명확하게 규정되어 있다.

◆ 경비노인홈(케어하우스)

주로 저소득층을 대상으로 하는 시설이다. 자택에서 생활하기 불안하거나 무연고로 인해 가족의 도움을 받기 어려운 고령자들에게 '낮은 비용'으로 주거와 일상생활에 필요한 서비스를 제공한다. 복지 시설의 성격이 강하여 주로 사회복지법인이 운영하며 고령자의 자립 생활을 지원하는 데 중점을 둔다. 일부 시설은 인력과 시설을 겸비하여 요양 등급이 높은 고령자를 돌보는 경우도 있다.

◆ 소규모다기능거택개호시설

　주거용 시설이 아닌 주야간 보호와 방문요양, 단기 숙박까지 다양한 돌봄 서비스를 통합적으로 제공하는 시설이다. 고령자는 자신의 집에서 생활하면서 평소 이곳에 있는 데이서비스(주간보호)를 이용하고 몸 상태가 급변했을 때는 같은 건물 내 숙박 시설에 단기간 머무를 수 있다. 또한 건강 악화로 데이서비스에 가지 못할 때는 같은 시설의 요양보호사가 집까지 찾아가는 방문요양 서비스도 제공한다. 즉, 평소의 주간보호와 긴급 시 방문 요양, 단기 숙박까지 모두 한곳에서 제공하는 것이다.

　약간의 치매 증상이 있는 경우는 모든 서비스를 동일한 요양보호사에게 제공받아 혼란을 방지할 수 있고 월 정액제이기 때문에 이용 횟수나 시간이 증가해도 비용 부담이 급격히 늘어나지 않는 것도 큰 장점이다. 자신의 주소지와 동일한 행정구역 내에 등록된 시설만 이용할 수 있어 지역 밀착형 서비스로서 자리를 잡아 가고 있다.

　　　　　　　　　　　　　'나답게' 늙어갈 수 있는 집 **1**

2장

일본, 집에서 시설로
다시 시설에서 집으로

시설은 제2의 선택지, 우선은 내 집

일본도 대부분의 노인들은 집에서 산다

최근 침체된 출판 시장에서도 인기를 끌고 있는 테마 중 하나는 노후 생활이다. 평균 수명이 크게 늘어나면서 중년이 되기 전부터 '노후에 어디에서 어떻게 살지'를 고민하는 사람들이 많아졌기 때문이다. 고령자 문제를 논의할 때면 항상 시설 이야기가 중심이 되고 이 책에서도 다양한 일본 시설들을 소개하고 있지만 사실 시설은 '제2의 선택지'다. 한국도 일본도 대부분의 고령자는 자신의 집에서 생활한다.

하지만 거동이 힘들어지거나 무언가 문제가 생겼을 때 몸을 맡길 수 있는 시설이 있느냐 없느냐는 노후의 심리적 안정감에 큰 영향을 끼친다. 한국에는 자신의 집에서 큰 어려움 없이 잘 지내면서도 마음 한편에 '혹시 거동이 힘들어지거나 치매가 생기면 어떻게 하지?'라는 불안감을 품고 있는 고령자들이 많다. 주어진 선택지가 너무 적기 때문이다. 실제로 본인이 입소하든 안 하든 다양한 상황에 맞는 시설들이 존재한다는 것은 노후의 생활과 마음 안정을 위해서도 매우 중요하다.

일본 고령자의 93.4%는 자택에서 거주

2024년 기준으로 일본의 총인구 1억 2,376만 명 가운데 65세 이상 고령자는 3,625만 명으로서 전체 인구의 약 29.3%를 차지한다(일본 총무성통계국, 2024). 고령화 비율이 세계 최고 수준으로서 세계 평균인 10.2%의 2배 이상이고 유럽 국가들보다도 높다. 특히 75세 이상의 후기 고령자(2,076만 명)가 65~74세의 전기 고령자(1,549만 명)보다 많다는 점이 중요하다. 후기 고령자가 증가할수록 간병 수요가 크게 늘어나기 때문이다. 게다가 일본은 후기 고령자 중에서도 80세 이상이 1,290만 명으로서 전체 인구의 10.4%에 달한다.

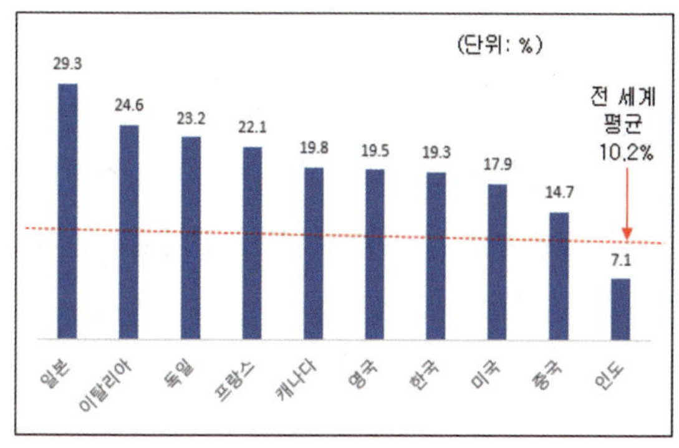

출처: 일본 총무성통계국(2024)을 이용해 작성.

그렇다면 이 중에서 누군가의 도움이 필요한 사람은 얼마나 될까? 후생노동성에 따르면 고령자 3,625만 명 중 거동이 불편해 공적 개호보험(한국의 노인장기요양보험)의 등급 인정을 받은 사람은 710만 명, 약 19.6%이다. 공적 개호보험의 등급은 간병 예방 대상인 요지원 1~2등급, 거동이 불편해 간병이 필요한 요개호 1~5등급 등 총 7단계로 구성된다.

등급이 높을수록 누군가의 돌봄이 더 많이 필요해 요양원이나 고령자 전용 주택에 입주하는 비율도 높다.

일본 후생노동성 자료에 따르면 요양원, 고령자 입주 시설에 거주하는 인원은 2022년 기준으로 약 240만 명이다. 특별양호노인홈(특양) 등 요양 시설에 약 100만 명, 민간이 제공하는 유료노인홈과 서비스 제공형 고령자주택(서고주), 치매 고령자용 그룹홈에 약 120만 명, 지자체가 공급하는 시설에 약 20만 명 정도가 거주한다. 개호 등급 인정을 받은 710만 명 중 시설에 입주한 비율은 약 34%이지만 전체 고령자 3,625만 명을 기준으로 하면 6.6%에 불과하다.

이것은 결국 일본 고령자의 93.4%는 자택에서 지역사회와 어울리며 생활하고 있다는 것을 의미한다. 많은 고령자가 오랫동안 지내며 익숙해진 지역에서 계속 생활하고 싶어 하고 이제는 다양한 서비스와 시스템이 정비되어 자택에서 생활할 수 있는 환경이 마련되었기에 가능한 일이다. 2000년 이후 시설 및 주택의 수용 가능 정원은 늘고 있지만 고령자 전체에서 이를 이용하는 사람들의 비중은 그리 높지 않다고 할 수 있다.

그럼에도 시설 입소를 선택하는 이유

대부분의 고령자가 자택에서 생활하고 있지만 일정 수의 고령자는 요양 시설이나 고령자 주택 입주를 선택하는 것도 현실이다. 시설을 선택하는 배경에는 일본의 가족 구성 변화가 있다. 아래 그래프를 보면 알 수 있듯이 1986년에는 조부모, 자녀, 손주가 함께 사는 3세대 가족이 전체의 44.8%를 차지할 정도로 일반적이었지만 2024년에는 6.3%까지 급격히 감소했다. 반면 단독 세대의 비중이 13.1%에서 32.7%로 크게 증가해 현재는 가장 큰 비중을 차지한다. 비혼, 이혼, 사별 등으로 혼자 사는 세대가 꾸준히 증가한 결과다. 최근 조사에 따르면 일본 남성은 50세 시점에 한 번도 결혼하지 않은 평생 미혼율이 28%에 달한다. 이혼이 증가하고 남편 사별 후 혼자 남는 고령 여성도 계속 늘어나고 있다.

가족 형태의 장기 변화

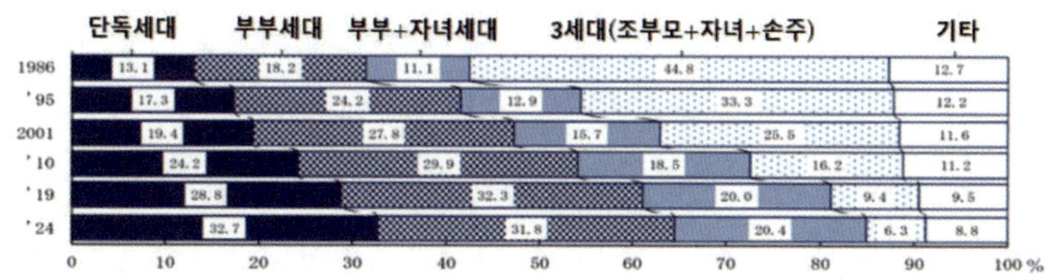

자료: 일본 후생노동성.

가족 구성의 변화와 함께 거동이 불편한 고령자를 돌보는 가족의 부담 증가, 전문적인 돌봄과 의료의 필요성, 불안과 고립에 대한 해결책 모색

등으로 시설 및 주택을 선택하는 비율은 일정 수준을 유지하고 있다.

시설 입소를 선택하는 이유 중 첫 번째는 가족의 간병 부담 증가다. 치매 환자나 중증의 고령자는 가족들이 계속 간병하는 데 한계가 있다. 간병과 일의 양립이 어려워 '간병 퇴직'을 선택하는 사례가 연간 10만 건에 달할 정도다(총무성통계국, 2023). 일본 정부는 심각한 인력 부족 대책 중 하나로 '간병 퇴직 제로화'를 내세우고 있다. 이러한 상황에서 전문적인 간병을 제공하는 시설 입소는 고령자 본인과 가족 모두가 안심할 수 있는 선택지 중 하나가 될 수 있다.

두 번째 이유는 전문적인 돌봄과 의료적 케어의 필요성이다. 건강이 악화되어 의료적 케어가 일상적으로 필요하거나 치매로 인해 자택 생활이 어려워지면 시설 입소를 선택할 수밖에 없다. 시설에는 간호사, 요양보호사 등 전문 인력이 상주해 24시간 돌봄과 긴급 대응이 가능하고 의료 기관과 연계해 전문적인 케어를 제공하는 등 장점이 많다.

세 번째는 고령자 본인의 불안 및 고립에 대응할 수 있다는 점이다. 혼자 사는 고령자가 증가하면서 무슨 일이 생겼을 때 의지할 사람이 없다는 불안감, 가사에 대한 부담 또는 주거 환경 문제로 자택 생활의 한계를 호소하는 사례가 늘고 있다. 특히 고령 여성의 경우 남편 사별 후 혼자 생활하기 어렵거나 돌볼 가족이 없어 시설에 입소하는 경우가 많고 자립생활이 가능하더라도 고독을 피해 시설을 선택하는 사람도 있다. 실제 일본 고령자 시설 및 주택에 가 보면 남편과 사별한 후 80세가 넘어 혼자 입주한 여성의 비율이 상당히 높다. 또한 시설 내의 규칙적인 생활과 레크리에이션이 심신 건강 유지에 도움이 된다고 판단해 적극적으로 선택하는 경우도 많다.

통계상에서 보면 대부분의 고령자는 자택에서 생활 중이고 시설에 들어가는 사람은 극히 일부에 불과하다. 하지만 개인별 상황에 따라 선택할 수 있는 시설들이 있으면 고령자들은 이후에 자신에게 어떤 일이 생겼을 때 의지할 곳이 있다는 마음의 여유를 가지고 편안하게 현재의 자택 생활을 즐길 수 있게 된다. 실제 이용자가 전체 고령자의 극히 일부에 불과하더라도 다양한 시설들이 필요한 이유가 바로 여기에 있다.

(필자: 류재광)

시설이 아닌 재택 중심으로 바뀌는 일본
'시설에서 집으로'를 지원하는 지역포괄케어시스템

'지역포괄케어시스템'이란

2000년, 일본은 급증하는 고령 인구와 그에 따른 간병 수요에 효과적으로 대응하기 위해 우리나라의 노인장기요양보험과 유사한 공적 개호보험을 도입했다. 그러나 제도 도입 후 얼마 지나지 않아 개호보험 재정 지출이 급격히 증가하며 사회적 문제가 되었다. 재정 지출 내역을 살펴본 결과, 재택 간병 서비스에 비해 시설 입소 시 재정 부담이 훨씬 크다는 사실이 확인되었고 그 후 정부는 시설 입소를 줄이고 재택 간병 서비스를 확대하는 쪽으로 정책을 전환하기 시작했다.

이와 함께 익숙한 집과 지역사회에서 계속 살기를 희망하는 고령자들의 니즈도 늘어나면서 시설 입소를 최소화하고 의료, 간호, 장기요양 서비스 등을 집에서 직접 받을 수 있도록 하는 재택 간병 시스템의 구축이 절실해졌다. 이와 같은 배경 속에서 탄생한 것이 한국에서 '커뮤니티 케어' 등으로 표현하는 '지역포괄케어시스템'이다. 시설이 아닌 집에서 생활하면서 다양한 서비스를 포괄적으로 제공받을 수 있도록 하는 환경을 마련한 것이다.

기존의 수직적인 서비스 제공 체계에서는 고령자의 신체 상태 변화에 따라 여러 서비스가 필요해졌을 때 거쳐야 하는 절차가 복잡하거나 서비스 간 연계가 원활하지 않아 많은 문제가 발생했다. 익숙한 지역을 떠나 다른 지역에 있는 시설에 입소해야 하는 경우도 많아 삶의 질이 떨어지고 지역사회에서 떨어져 고립되는 문제도 주목받았다. 이러한 상황을 고려해 2005년 개호보험법을 개정하고 노후에도 자신이 살아온 지역에서 편안하게 삶을 영위할 수 있도록 케어 서비스를 제공하는 지역포괄케어시스템을 도입했다.

핵심은 '의료, 간호, 예방, 주거, 생활 지원'

지역포괄케어시스템에서는 고령자가 오랫동안 살아온 지역에서 '나다운 삶'을 이어 갈 수 있도록 지역 내의 다양한 관계 기관과 전문가들이 협력해 포괄적인 지원을 제공한다. 의료, 간호, 예방, 주거, 생활 지원의 5대 서비스를 통합적으로 제공하는 것이 목표다.

'의료'에서는 고령자가 질병을 앓거나 부상을 당했을 때 재택 의료와 재활 서비스까지 포함해 지역사회 내에서 적절한 치료를 받을 수 있도록 한다. 지역 병원과 의원, 치과, 약국 등이 긴밀하게 연계해 급성기부터 만성기, 재택 의료까지 끊김 없이 제공하는 체계를 목표로 한다. 방문 진료, 방문 간호, 약사 복약 지도 등도 집에서 편리하게 이용할 수 있다.

'간호 및 요양 서비스'에서는 일상생활에 필요한 신체 간호 및 가사 지원을 제공한다. 방문 요양, 방문 간호, 방문 목욕, 데이서비스(주야간보호센터), 쇼트스테이(단기보호), 그룹홈 등 다양한 서비스가 존재한다.

이러한 서비스들은 고령자의 상태와 필요에 맞춰 유기적으로 연계해 제공한다.

'예방'에서는 고령자가 '요개호' 상태로 악화하는 것을 막고 건강 수명을 늘리기 위해 노력한다. 개호 예방 교실, 건강 상담, 영양 및 운동 지도 등 지역 실정에 맞는 다양한 프로그램을 운영하고 있다. 고령자뿐만 아니라 지역 주민 전체의 건강에 대한 의식을 높이는 교육 활동도 중시해 생활 습관병(성인병) 등을 예방하고 활기찬 생활을 유지하도록 다각적으로 지원한다.

고령자가 안심하고 생활할 수 있도록 하는 '주거 환경 확보'는 지역포괄케어시스템에서 가장 중요한 요소다. 자택 개보수 지원은 물론, 고령자를 위한 다양한 형태의 주택과 시설 정비 지원이 포함되어 있다. 신체 상태, 경제 상황, 가족 구성 등을 종합적으로 고려해 최적의 주거 환경을 제공하는 것이 목표다.

'생활 지원'에서는 일상생활에 필요한 광범위한 도움을 제공한다. 쇼핑, 요리, 청소, 세탁 등의 가사 지원을 비롯해 이동 보조, 안부 확인, 배식 서비스 등이 있다. 이러한 서비스는 고령자의 자립 생활을 돕고 지역 사회와 끈끈한 관계를 유지하는 데 필수적이다. 특히 자원봉사, NPO, 지역 주민들 간의 서로 돕기 활동 등이 중요한 역할을 하고 있다.

이러한 '지역포괄케어시스템'의 핵심은 고령자 개개인의 상황에 따라 필요한 서비스를 적절한 시기에 맞춤형으로 제공한다는 점이다. 획일적인 서비스 제공이 아닌, 다양한 직종의 전문가들이 협력해 개별적인 케어플랜을 세우고 지속적으로 지원하는 것이 중요하다. 또한 고령자 본

'나답게' 늙어갈 수 있는 집 🏠1

인과 가족의 의사를 존중해 주체적으로 선택할 수 있도록 하는 것도 중요하다.

지역 특성에 맞는 시스템을 구축

지역포괄케어시스템은 각 지역의 특성과 실정에 맞춰 시정촌(기초자치단체에 해당)이 주도해 구축한다. 지역 의료기관, 장기요양 서비스 사업자, 주민 단체, 자원봉사 단체 등 다양한 관계자와 긴밀하게 협력하고 포괄케어 관련 협의회 등을 설치해 지역의 문제점과 요구를 공유하면서 구체적인 실행 방안을 논의한다. 특히 다음과 같은 사항들을 중요시한다.

첫째, 다양한 직종 간의 연계 강화다. 의사, 간호사, 케어매니저, 개호복지사, 재활 전문가(물리 치료사, 작업 치료사, 언어 치료사), 약사, 영양사, 사회복지사 등 다양한 전문가들이 각자의 전문성을 최대한 살려 협력하고 개개인의 필요에 맞는 지원을 효과적으로 제공할 방안을 논의한다. 정기적인 회의와 정보 공유를 통해 원활한 연계 체제를 확립해 나간다.

둘째, 지역사회 기반의 케어 매니지먼트 확립이다. 앞서 소개한 것처럼 케어매니저는 상담을 통해 고령자와 가족들의 심신 상태, 생활 환경, 희망 사항 등을 정확하게 파악한 후 맞춤형 케어플랜을 세운다. 또한 서비스 제공 사업자와의 긴밀한 연락 조정, 지속적인 서비스 이용 상황 모니터링을 실시하고 필요에 따라 케어플랜을 유연하게 변경하는 등 핵심적인 역할을 한다.

셋째, 지역 자원의 적극적인 활용이다. 지역 내 의료 기관, 장기요양 서비스 사업소뿐만 아니라 NPO, 자원봉사 단체, 지역 주민 단체, 기업 등 다양한 지역 자원을 최대한 활용하여 고령자의 생활을 실질적으로 지원하는 다양한 서비스와 활동을 창출한다. 각 지역의 고유한 특성에 맞는 창의적이고 독자적인 노력 또한 매우 중요하게 여긴다.

넷째, 관련 기관들 간의 정보 공유 및 긴밀한 협력 체제다. 고령자에 관한 모든 정보, 이용 가능한 서비스 정보를 관련 기관들이 안전하게 공유하고, 서비스 제공 과정에서 원활하고 신속하게 연계하기 위한 정보 시스템 구축에 힘쓴다. 최근에는 이를 위해 ICT를 활용한 정보공유 시스템도 적극 도입하고 있다.

마지막은 주민 참여를 통한 주체적인 지역사회 실현이다. 고령자 본인과 가족뿐 아니라 지역 주민까지 모두가 지역포괄케어시스템 구축에 주체적으로 참여하고 서로 돕는 의식을 높일 수 있도록 노력한다. 이를 위해 지역 주민들이 자원봉사자로 활동하거나 고령자의 안부 확인 및 일상생활 도움 활동에 참여하도록 지원하고 있다.

전국에서 5,000곳 이상의 센터 운영

지역포괄케어시스템에서 거점 역할을 하는 '지역포괄지원센터'는 현재 전국 대부분의 시정촌에 설치되어 있다. 이곳에 사회복지사, 보건사(보건소 직원에 해당), 케어매니저 등 전문 인력이 배치되어 고령자와 지역 주민들의 생활을 통합적으로 지원한다. 일반적으로 중학교 학군 또

'나답게' 늙어갈 수 있는 집 **1**

는 생활권역마다 한 곳을 설치하는 것이 기준으로서 후생노동성 조사에 따르면 2023년 4월 1일 기준으로 전국에서 5,308개소가 운영되고 있다.

결론적으로, 지역포괄케어시스템은 고령자들이 자신이 살아온 지역 사회에서 존엄한 삶을 마지막까지 이어 갈 수 있도록 돕는 중요한 사회 시스템이라고 할 수 있다. 이러한 시스템이 성공적으로 작동하기 위해서는 의료, 간호, 예방, 주거, 생활 지원 등 다양한 서비스 간의 긴밀한 연계, 다양한 직종 간의 적극적인 협력, 그리고 지역 주민의 자발적이고 적극적인 참여가 필수적이다.

새로운 사회 시스템이 자리를 잡을 때까지는 많은 시간이 걸린다. 아직 모든 것이 미흡한 한국에서도 이 같은 돌봄 시스템을 구축하려면 고령자뿐만 아니라 지역사회를 꼼꼼하게 살피고 파악해 필요한 제도와 인재, 연계 방식 등을 고민해야 한다.

(필자: 류재광)

돌봄 서비스 전체를 관리하는 전문가의 필요성
문제가 생기면 가장 먼저 찾는 '케어매니저'

일본에서는 거동이 불편해지면 한국의 요양 등급에 해당하는 요지원·요개호 등급을 받은 후 '개호 보험 서비스(한국의 노인장기요양보험 서비스)'를 이용하게 된다. 요양 등급을 받은 고령자가 적절한 서비스를 받을 수 있도록 맞춤형 계획을 수립하는 '장기요양 서비스 계획'을 일본에서는 '케어플랜(Care Plan)'이라고 부른다. 단, 한국과 다른 점은 케어플랜을 작성하고 관리하는 전문가인 '케어매니저(Care Manager, 법적 용어는 '개호지원전문인')'가 있다는 점이다.

한국은 국민건강보험공단에서 케어플랜을 작성하지만 일본에서는 케어매니저라는 전문가가 해당 업무를 담당한다. 가족 내에서 고령자에게 도움이 필요한 상황이 생기면 구청이나 지역포괄케어센터에 연락하고 그곳에서 연결해 주는 케어매니저를 찾아가게 된다. 케어매니저는 요양 등급을 받는 방법부터 시작해 등급, 개인 상황에 맞춰 이용할 수 있는 서비스 안내, 구체적인 케어플랜을 작성하는 일까지 모두 담당한다. 정기적으로 보호자와 상담하면서 고령자의 신체나 가족 환경에 변화가 생겼을 때 그에 맞춰 플랜을 변경해 주기도 한다. 케어매니저를 이용하는 방법은 고령자나 가족의 상황, 요구에 따라 매우 다양하다.

'나답게' 늙어갈 수 있는 집 🏠

상황에 맞춰 개인별 플랜을 설계

[독거노인 사례]

혼자 사는 다나카(가명, 80세) 씨는 최근 다리와 허리가 약해져 쇼핑, 청소와 같은 일상생활에 어려움을 느끼게 되었다. 구청에 있는 사회복지사의 권유로 지역포괄지원센터에 상담을 받으러 갔다가 처음으로 케어매니저를 만났다. 케어매니저는 다나카 씨의 생활 환경과 어려움을 꼼꼼하게 들은 후 요양 등급 신청 방법과 이용 가능한 서비스들에 대해 자세하게 설명해 주었다. 절차에 따라 등급 판정을 받은 다나카 씨는 주 2회의 방문 요양(신체 간호 및 생활 지원)과 주 1회의 데이서비스(주간 보호센터) 센터에서 입욕 및 기능 훈련 서비스를 받기로 결정했다. 케어매니저는 서비스 이용 절차를 대행해 주었고 그 후부터 다나카 씨 집에는 방문 요양 보호사가 정기적으로 찾아와 필요한 서비스를 제공해 주고 있다.

[치매 배우자가 있는 사례]

야마다(가명, 75세) 씨는 치매를 앓고 있는 80세의 남편을 집에서 직접 돌봐 왔다. 하지만 최근 남편의 증상이 심해지면서 배회와 망상 행동을 보이기 시작해 심신이 지친 상태였다. 주변의 조언을 듣고 찾아간 케어매니저는 상담을 진행한 후, 남편이 낮에는 데이서비스, 밤에는 쇼트스테이(단기보호서비스)를 이용할 수 있는 결합형 케어플랜을 작성해 주었다. 이에 더해 야마다 씨가 정신적 부담을 줄일 수 있도록 가족 간병인 교류 모임과 연락처도 소개해 주었다. 또한 데이서비스, 쇼트스테이 제공 기관과 협의해 야마다 씨가 안심하고 남편을 간호할 수 있도록 지원했다.

이러한 사례에서 알 수 있듯이 케어매니저는 고령자 본인뿐만 아니라 가족의 상황까지 세심히 살펴보고 적절한 지원을 제공한다. 장기요양에 대한 첫 상담 창구가 되어 필요한 서비스와 연결해 주고 안심하고 이용할 수 있도록 돕는다. 한 번의 플랜 작성으로 끝나는 것이 아니라 정기적으로 이용 현황을 살펴보면서 필요시 케어플랜을 변경하는 등 사후 관리도 해 준다.

일본의 핵심 인프라는 케어매니저와 케어플랜

케어매니저라는 직업은 2000년에 개호보험 제도(한국의 '노인장기요양보험 제도'에 해당)가 시행되면서 생겨났다. 이후 개호보험 이용자의 요구에 맞는 최적의 서비스를 조율하는 전문가로서 확고하게 자리를 잡았다. 앞서 살펴본 이용 사례를 보면 알 수 있듯이 케어매니저는 간병이 필요한 본인이나 가족과 상담해 어떤 지원이 필요한지 파악한 후 맞춤형 지원을 제공한다. 신체적인 돌봄뿐만 아니라 일상생활에서 겪는 어려움, 정신적인 불안, 사회적 고립 등 다양한 측면에서 이용자의 상황을 종합적으로 살펴 필요한 서비스를 제안한다.

케어플랜 작성 후에도 작성된 계획에 따라 서비스가 제대로 제공되고 있는지 지속적으로 확인하고 정기적으로 이용자의 상황을 평가해 필요에 따라 플랜을 재검토한다. 서비스 제공 기관과의 긴밀한 연락과 조정, 의료기관 및 지역포괄지원센터 등 관련 기관과의 연계 업무도 담당한다. 또한 장기요양보험 제도가 매우 복잡하고 제도가 빈번하게 개혁되다 보니 고령자와 가족에게 변경 내용과 이용 가능한 서비스, 신청 절차 및 방법 등을 알기 쉽게 설명하는 것도 중요한 업무 중 하나이다.

한편, 케어매니저가 서비스를 제안할 때 가장 핵심적인 것이 '케어플랜'이다. 이용자와 가족들에 관한 정보를 파악해 이용 가능한 장기요양 서비스나 지역사회 자원 등을 종합적으로 검토하고 이를 바탕으로 이용자 한 사람 한 사람에게 최적화된 계획을 세운다. 케어플랜은 단순한 서비스 스케줄표가 아니라 이용자가 원하는 삶을 살아갈 수 있도록 돕는 종합적인 지원 계획으로서 이용자, 가족, 서비스 제공 기관, 케어매니저가 서비스 내용과 목표를 공유하는 데 필요한 중요한 도구이기도 하다. 이를 통해 관련된 모든 사람이 같은 마음으로 고령자를 돌볼 수 있고 돌봄을 받는 고령자도 자신이 왜 서비스를 이용해야 하는지 생각해 재활, 활동 의욕을 높일 수 있다. 멀리 떨어져 사는 자녀들도 케어플랜을 통해 간병 상황과 이용 서비스를 쉽게 파악하고 가족들과 정보를 공유하면서 효과적으로 협력할 수 있다.

마지막으로, 케어플랜은 필요에 따라 의료 기관과 공유해 의료와 돌봄의 연계를 돕는 중요한 역할을 한다. 예를 들어 입원 시 케어플랜을 의사나 간호사에게 보여 주며 집에서의 상태, 이용했던 서비스를 상세히 전달할 수 있다. 이러한 과정은 치료와 퇴원뿐만 아니라 집으로 돌아와 지속적으로 서비스를 이용할 때도 큰 도움이 된다.

이처럼 일본에서 케어매니저와 케어플랜은 고령자와 그 가족들이 원하는 지원을 제공할 때 관계자들 모두가 힘을 합치기 위한 중추적 역할을 한다. 케어매니저는 니즈에 맞게 케어플랜을 작성하고 서비스 활용을 적극 지원해 고령자와 가족들의 삶의 질을 높이는 데 크게 기여하고 있다.

진입장벽이 높은 케어매니저 자격증

일본 고령자 지원 시스템의 핵심 인재인 케어매니저는 자격증 취득 과정이 결코 쉽지 않다. 엄격한 자격 요건과 까다로운 시험을 통과해야 한다. 간호사, 물리치료사, 사회복지사, 개호복지사 등 특정 국가 자격을 소지하고 있거나 요양 시설 등에서 상담 업무를 5년 이상 수행한 경력이 있어야만 시험에 응시할 수 있다. 자격시험은 연 1회 실시되는데 합격률이 20% 내외로서 상당히 낮은 편이다. 합격한 후 필수적으로 이수해야 하는 87시간의 실무 연수에서는 케어 매니지먼트의 실제적인 기술과 윤리관, 다양한 직종 간 연계의 중요성 등을 배운다. 연수를 성공적으로 마치고 해당 지자체에 등록해야 비로소 케어매니저 자격증이 발급되어 정식으로 업무를 수행할 수 있다. 자격 취득 후에도 정기적인 연수를 필수적으로 받고 5년에 한 번씩 자격을 갱신해야 한다.

2022년 10월 기준으로 일본 전국에서 18만 명 정도의 케어매니저들이 활동하고 있다. 고령화가 심화되면서 케어매니저의 중요성은 갈수록 커지고 있다. 단카이 세대(1947~1949년 베이비붐 시기에 태어난 세대)가 75세 이상의 후기 고령자가 되는 2025년부터 돌봄 수요가 크게 증가할 것으로 예상되면서 케어매니저 확보가 시급한 과제로 지적되고 있다. 후생노동성은 2040년까지 약 8만 3,000명의 케어매니저가 추가로 필요하다는 추정 자료를 발표하기도 했다(일본종합연구소, 2024). 이에 따라 정부 기관과 지자체들은 케어매니저 확보를 위해 자격증 취득 비용 보조, 노동 환경 및 처우 개선 등 더 많은 인재가 케어매니저를 지망하고 오랫동안 안정적으로 일할 수 있도록 지원하고 있다.

(필자: 류재광)

돌봄 서비스와 IT기술의 친화성

고령화, 코로나가 촉진시킨 온라인 진료

섬마을도 OK! 지리적 한계 넘는 온라인 진료

나이가 들면 어쩔 수 없이 병원을 자주 가게 된다. 고혈압, 당뇨병과 같은 만성 질환을 앓는 경우가 많기 때문이다. 정기적으로 병원에 가야 하지만 거동이 불편하거나 집 근처에 병원이 없으면 진료를 받기가 쉽지 않다. 병원까지 동행해 줄 가족이 없다면 더 힘들다. 특히 산간 지역이나 외딴섬에 거주하는 사람들은 전문의가 있는 의료 기관을 이용하는 데 더 많은 어려움을 겪는다.

온라인 진료는 이러한 지리적 한계를 극복하고 거주 지역과 상관없이 양질의 의료 서비스를 받을 수 있도록 할 뿐만 아니라 의료 현장의 인력 부족 해소에도 도움이 된다. 제한된 의료 자원을 효율적으로 활용해 의사와 간호사의 업무 부담을 줄이는 효과적인 해법이기도 하다. 특히, 경증 환자나 만성 질환의 안정기에 있는 환자를 온라인으로 진료하면 의료진은 더욱 전문적인 치료가 필요한 환자에게 집중할 수 있다.

이러한 온라인 진료가 정보통신기술의 발전에 힘입어 서서히 자리를 잡고 있다. 고속 인터넷 보급과 함께 영상 통화, 온라인 결제 등 관련 기술이 성숙되어 안전하고 효율적인 온라인 진료 시스템 구축이 가능해진 것이다.

코로나를 계기로 빠르게 확산

일본에서는 코로나19의 확산을 계기로 온라인 진료가 빠르게 확대되었다. 코로나 이전에는 온라인 진료를 도입한 의료기관이 적었고 도입한 곳들도 건강보험 적용 범위가 제한적이고 인지도가 낮아 이용 건수가 극히 미미했다. 그러나 2020년 이후 코로나19 감염이 확산되면서 온라인 진료를 도입하는 의료 기관이 늘고 이용자도 크게 증가했다.

일본 후생노동성에 따르면 코로나 이전에는 전체 11만 개의 의료기관 중 약 5%만이 온라인 진료에 대응했지만 2023년 3월에는 약 16%에 해당하는 18,000곳으로 확대되었다. 이용 건수에 대해서는 발표된 공식 통계가 없어 파악하기 어렵지만 2024년 말에 민간 기업인 네오마케팅이 실시한 조사에 따르면 온라인 진료에 대한 인지도는 88.3%에 달했고 그중 실제로 온라인 진료를 받은 경험이 있는 사람은 약 8.4%였다. 경험자 중 36.4%가 코로나를 계기로 이용 빈도가 늘었다고 답했고 향후 이용 의향에 관한 질문에는 79.2%가 긍정적인 답변을 했다.

이처럼 온라인 진료는 의료 시스템의 하나로 자리를 잡아 가고 있지만 사실 전자기기 조작에 익숙하지 않은 고령자가 이용하려면 넘어야 할 벽이 높다. 시력과 청력, 인지 기능 저하 등이 있는 사람은 온라인을 통한 의사소통이 어렵기도 하다. 하지만 스마트폰 보급률이 높아지고 시스템의 사용 편의성이 개선되면서 고령자들도 비교적 쉽게 이용할 수 있는 환경이 마련되고 있다. 특히 만성 질환을 앓고 있거나 거동이 불편해 병원 방문이 어려운 고령자에게 온라인 진료는 매우 반가운 서비스로서 점차 이용자가 늘고 있다.

실제 이용 사례, 신체적 정신적 부담 감소

[사례 1] 체력적으로 힘들었던 정기 진찰

70대 여성 사와다(가명) 씨는 고혈압과 당뇨병으로 매달 내과를 방문해야 했다. 하지만 집에서 병원까지 대중교통으로 1시간 이상 걸려 병원 방문에 대한 부담이 컸다. 하지만 딸의 권유로 온라인 진료를 시작한 후 현재는 집에서 편안하게 의사의 진료를 받을 수 있게 되었다. 담당 의사는 사와다 씨가 매일 기록한 혈압과 혈당 수치를 온라인으로 확인하고 세심하게 진료와 복약 지도를 하고 있다.

[사례 2] 외딴섬, 배 타고 몇 시간을 나가야 하는 병원

외딴섬에서 배우자 없이 혼자 살고 있는 80대 남성 가타기리(가명) 씨는 몇 년 전부터 피부 질환을 앓고 있다. 하지만 섬에는 피부과 전문의가 없고 병원이 있는 육지에 가려면 배를 타고 몇 시간씩 이동해야 했다. 그러던 어느 날, 지역 보건소 의사가 육지에 있는 피부과 전문의에게 온라인 진료를 받을 수 있다고 소개해 주었다. 온라인 진료를 이용하게 된 후로는 이동에 따른 시간적, 경제적, 신체적 부담을 크게 덜고 전문적인 치료를 계속 받을 수 있게 되었다.

[사례 3] 치매 환자, 온라인으로 가족도 진료에 참여

경증 치매를 앓고 있는 90대 남성 하야시 씨는 온라인 진료 덕분에 본인과 가족 모두 마음의 부담이 크게 줄어든 경우다. 하야시 씨는 치매로 혼자 병원에 가는 것이 어려워졌지만 멀리 사는 아들은 병원에 동행하지 못하는 경우가 많았다. 하지만 주치의의 권유로 온라인 진료를 시작한 이후부터 아들은 직접 오지 못해도 자신의 스마트폰을 통해 하야시 씨의 상태를 의사에게 상세히 설명할 수 있게 되었다. 현재는 진료 중에 아들이 증상을 대신 설명하거나 의사의 지시 사항을 듣고 본인에게 다시 확인시켜 원활한 진료가 이루어지고 있다.

드론을 이용한 의약품 배송까지

일본은 1997년에 원격의료 관련 연구회를 설치하고 외딴섬과 산간벽지에서 원격의료 실증실험을 실시했다. 그 후 2015년에 후생노동성이 특정 질환 및 상황에 한해 온라인 진료에 건강보험을 적용할 수 있도록 제도를 변경하면서 하나의 진료 방식으로서 자리를 잡기 시작했다.

특히 2020년의 코로나19 팬데믹은 온라인 진료 확산의 결정적인 계기가 되었다. 감염 위험을 줄이기 위해 초진인 환자의 온라인 진료가 한시적으로 허용되는 등 규제가 대폭 완화되었다. 2022년 4월에 관련 규정을 변경해 일정 요건을 갖춘 의료기관은 원칙상 초진부터 온라인으로 진료할 수 있도록 허가한 후 서서히 도입 병원, 이용자가 늘고 있다.

한편, 일본 정부는 온라인 진료와 더불어 약사의 원격 복약 지도와 처

방약 배송 서비스까지 제도화했다. 특히 드론 비행 규제를 완화해 드론으로 배송 가능한 의약품을 늘렸다. 2021년 드론 의약품 배송 가이드라인을 마련하고 2022년에는 규제를 더 완화해 다양한 지역에서 배송이 가능하도록 허용했다. 초기에는 감기약 등 가벼운 처방약이나 일반 의약품만 배송할 수 있었지만 2023년부터는 인슐린 주사액, 코로나19 백신, 간염 치료제, 암 면역제까지 드론 배송이 가능해졌다. 이러한 노력은 교통이 불편한 지역의 의료 서비스 질을 높이는 데 크게 기여하고 있다.

향후 고령자들의 온라인 진료 이용은 계속 늘어날 전망이다. 무엇보다도 통원 부담이 크게 줄기 때문이다. 고령자들은 이동 수단의 제약, 신체적 불편함으로 의료기관 방문에 어려움을 겪는 경우가 많다. 온라인을 통해 집에서 진료를 받을 수 있게 되면 부담이 크게 줄고 외출 과정에서의 사고도 피할 수 있다. 특히 감염병 유행 시기에는 의료기관 방문 자체가 감염의 위험을 높일 수 있지만 온라인 진료를 이용하면 불필요한 외부 접촉을 줄여 이를 예방할 수 있다.

노후에 자신의 집에서 편안하고 안전하게 생활을 유지하려면 온라인 진료처럼 큰 부담 없이 신체적 돌봄을 받을 수 있는 환경도 꼭 필요하다. 단지 집 내부만 안전하게 만들면 되는 것이 아니라 오프라인, 온라인 모두를 활용한 외부와의 연계가 중요하다.

(필자: 류재광)

고령자 시설 및 주택 정책의 변화
20년 먼저 시작한 일본은 어떤 과정을 거쳤나

일본의 고령자 시설 및 주택은 한국보다 훨씬 다양하고 복잡하다. 게다가 한국과 달리 도심 주택가에 세워진 곳이 많아 동네에서 일반 주택과 비슷한 모습의 고령자 주택을 쉽게 볼 수 있다. 한국은 아직 고령자 시설이 많지 않고 일부 운영 중인 곳들은 대부분 교외에 있는 상황과 비교하면 확연하게 다른 모습이다. 그렇다면 일본의 고령자 시설들은 어떤 과정을 거쳐 지금의 모습을 갖추게 되었을까? 어떤 정책 변화, 인식 변화가 이러한 발전을 이끌었을까? 일본이 걸어온 발자취를 살펴보며 앞으로 다가올 우리 사회의 변화를 함께 생각해 보자.

100년 전 양로원에서 시작한 고령자 시설

일본 서민층을 위한 대표적인 요양 시설인 특별양호노인홈은 '양로원'에서 출발했다. 1929년에 제정된 '구호법'에 따라 노쇠, 질병, 빈곤 등으로 생활이 어려운 고령자를 보호하기 위해 도입되었다. 당시에는 공공 기관이 운영하는 시설이 적었고 대부분 민간의 독지가나 종교 단체가 운영하는 사적인 빈민 구제 시설이 주류였다. 그 후 1945년 패전 직후 폐허가 된 일본 사회에서 양로원은 의지할 곳 없는 고령자의 '임시 수용소'와 같은 성격이 강했다. 식량 통제로 인해 식사의 질과 양이 모두 나빠 영양 실조로 인한 사망자가 속출하는 등 기본적인 의식주 해결도 어려웠다. 고령자뿐만 아니라 장애인, 정신 질환자, 환자, 아동까지 포함한 '혼합 수용' 시설이 많았고 대부분이 소규모였다. 생활 안정이나 의료 케어에 대한 배려가 부족했고 입주자 학대 문제까지 발생하는 등 열악한 환경이 계속해서 지적되었다(山田亮一, 2009).

1950년에 '생활보호법'이 시행되면서 양로원이 '양로 시설'로 재정비되었지만 이때까지도 한국의 고려장처럼 '늙은이를 갖다 버리는 노인 유기소'라는 비아냥을 들을 정도로 부정적인 이미지가 강했다. 초기의 '수용소'와 같은 성격은 그 후 일본에서 '고령자 돌봄의 사회화'를 방해하고 가족 내 부양에 과도하게 의존하게 된 원인 중 하나가 되기도 했다.

노인복지법 계기로 변화, 유료노인홈의 등장

일본은 1955년부터 시작된 고도 경제 성장기를 거치며 고령자 복지 증진의 필요성을 느끼고 1963년에 노인복지법을 제정했다(참고로 한국의 '노인복지법' 시행은 1981년). 기존 생활보호법에 기반한 양로 시설은 '양호 노인홈'으로 명칭이 변경되었고 새롭게 '특별양호노인홈'과 '경비(輕費)노인홈'이 생겨 세분화되었다. 특별양호노인홈은 장기적인 요양이 필요한 저소득 고령자를 위한 시설로서 나고야시에 처음 설립된 이후 1975년까지 500개 이상으로 늘어났다. 경비노인홈은 저소득층은 아니지만 고액의 비용을 감당하기 어려운 중간 계층을 위한 시설로서 1969

'나답게' 늙어갈 수 있는 집 **1**

년부터 이용자 니즈에 맞춰 시설에서 식사를 제공하는 A형과 직접 취사가 가능한 B형으로 다양화되었다(清水正美, 2015).

노인복지법 제정 이후에는 유료노인홈에 대한 인지도가 높아져 생명보험사, 부동산 회사 등 사회복지 사업과 직접적인 관련이 없는 영리 기업들이 다수 시장에 진출했다. 고령자 케어가 단순한 '복지'를 넘어 하나의 '산업'으로 변화하는 시발점이 된 것이다. 산업화하면서 1973년에 입주 일시금을 납부하면 평생 케어 서비스를 받을 수 있는 이용권 형태의 유료노인홈이 등장했다. 하지만 중도 퇴거 시의 입주 일시금 반환 의무, 상각 규칙이 불분명해 빈번하게 분쟁이 발생하면서 사회 문제가 되었다. 이에 따라 유료노인홈에 대한 행정 감독 및 규제의 필요성이 강하게 지적되었고 부유층을 위한 유료노인홈과 저소득층을 위한 시설이 공존하면서 시설 이원화에 대한 비판도 나오기 시작했다. 당시는 아직 '시설 입주'에 대한 부정적 인식이 남아 있었기 때문에 재가서비스에 대한 관심이 높아지는 계기가 되기도 했다.

가족에게 맡겼던 돌봄, 사회 전체의 책임으로

1980년대 후반 이후 급격한 고령화와 사회 구조 변화로 가족 간병의 한계가 뚜렷해졌다. 치매 고령자 증가, 핵가족화, 1인 가구 증가로 가족 돌봄 기능이 약해져 '가족 간병이 불가능한' 가정이 늘어났다. 특히 여성의 사회 진출이 활발해지면서 육아와 간병을 동시에 해야 하는 '더블 케어' 문제가 사회적 이슈로 떠올랐다. '며느리가 간병을 한다'라는 기존 인식도 바뀌기 시작했다. 특히 더블 케어 이슈는 간병이 단순히 고령자 문제만이 아니라 현역 세대의 생활과 경력에 심각한 영향을 미치는 사회 전체의 문제라는 인식을 확산시켰다.

이러한 사회적 배경에 힘입어 고령자 간병은 '가족의 책임'이 아닌 '사회 전체의 문제'로 인식되기 시작했다. 이에 1989년에 고령자의 지속적인 재택 생활을 지원하기 위한 '고령자 보건 복지 추진 10개년 전략', 즉 '골드 플랜'이 수립되었다. 골드 플랜에서는 방문 요양, 쇼트스테이(단기보호), 데이서비스(주야간보호센터) 등 재가서비스의 3대 핵심 제도를 마련하고 향후 10년간 방문 요양 보호사 10만 명 확보 등 구체적인 목표를 설정했다. 또한 방문 요양 사업의 위탁처로 영리 법인이 인정되어 민간 기업들이 참여할 수 있는 길이 열리기도 했다.

하지만 그 후에도 고령자 의료비 증가, 장기요양 서비스 이용의 복잡성, 비용 부담의 불공평성 등 많은 문제들이 연이어 부각되었다. 1993년에 합계 출산율이 역대 최저치를 기록하며 저출산 문제가 심각해지자 사회보장 제도의 지속성에 대한 우려도 커졌다. 이러한 과제에 대응하기 위해 간병의 사회화를 위한 '공적 개호보험 제도(한국의 노인장기요양보험)' 도입을 적극 논의하게 되었고 2000년에 드디어 개호보험법이 시행되었다.

1989년의 '골드 플랜'이 가족 돌봄의 한계에 대한 '정책적인 응급 처치'였다면 2000년의 공적 개호보험 제도 도입은 고령자의 돌봄을 '가족의 사적 책임에서 사회의 공적 책임'으로 바꾸는 획기적인 전환점이 되었다고 할 수 있다.

　　　　　　　　　　　　　　'나답게' 늙어갈 수 있는 집 ❶

점점 다양해지는 시설과 지역포괄케어시스템

2000년 4월 공적 개호보험 제도가 시행되면서 고령자 시설 입주는 노인복지법에 기반해 행정 기관이 일방적으로 지정하고 개인의 선택권은 없는 '행정 조치 제도'에서 고령자가 간병 사업자들의 서비스를 비교해 선택할 수 있는 '계약 제도'로 패러다임이 크게 전환되었다. 공적 개호보험의 도입은 시설에서 서비스를 제공하는 방식에도 큰 변화를 불러왔다. 과거와 달리 식비와 주거비가 보험 급여 대상에서 제외되어 본인 부담이 되었고 새롭게 '예방 급여' 등급이 신설되었다. 또한 '지역포괄지원센터'가 지역사회의 케어 매니지먼트를 담당하는 '예방 중시형 시스템'으로 바뀌기 시작했다. 제도 변화에 따라 재택 서비스와 시설 이용자가 모두 증가하면서 노인 간병에 대한 인식이 '가족의 책임'에서 '사회 전체의 책임'으로 서서히 변화하게 되었다.

공적 개호보험제도 시행 이후 민간 기업의 고령자 시설 진출이 본격화하면서 시설 유형도 다양해졌다. 유료노인홈은 개호형, 주택형, 건강형 등 여러 모델이 생기고 시설 수도 크게 늘었다. 치매 고령자 입주 시설인 그룹홈도 빠르게 확산되었다. 개호보험법에서 '인지증(치매) 대응형 공동생활 개호'라고 규정한 그룹홈은 적은 인원이 가정적인 분위기에서 공동생활을 하면서 치매 증상을 완화하고 안정된 생활을 누릴 수 있도록 돌보는 곳이다. 입주 조건을 시설 소재지와 같은 지역에 주소를 둔 주민으로 한정해 '지역 밀착형 서비스'로 자리매김할 수 있었다.

이에 이어 2011년 5월에는 '고령자 주거 안정법' 개정에 따라 '서비스 제공형 고령자주택(서고주)'이 탄생했다. 일본 정부가 고령자 독신 및 부부 가구 급증과 특별양호노인홈 대기자 문제, 기존 고령자용 임대 주택 제도의 부족한 점을 개선하기 위해 고안한 고령자 전용 임대 주택이다. 배리어프리 구조가 의무화되어 있는 서고주는 개인실에 긴급 구조 요청 버튼이 설치되어 있고 상주 직원이 매일 안부 확인과 생활 상담 서비스를 제공한다. 도심 가운데 위치한 곳들도 많고 생활 관련 제약이 적어 이용자가 늘어나면서 다양한 형태의 모델이 개발되고 있다.

마지막으로 현재 일본 돌봄 서비스의 중심이 되고 있는 '지역포괄케어 시스템'도 구축되었다. 베이비붐 세대가 후기 고령자가 되는 '2025년 문제'가 다가오면서 기존의 시설 중심 간병 서비스만으로는 의료와 간병 수요 급증에 대응할 수 없다는 우려가 커졌기 때문이다. 지역포괄케어 시스템은 고령자가 오랫동안 생활해 온 지역에 그대로 머물면서 의료, 간병, 예방, 주거, 생활 지원 서비스를 통합적으로 받을 수 있도록 하는 체제이다. 지자체가 운영을 주도하는 '지역포괄지원센터'는 이제 돌봄 관련 문제가 생겼을 때 가장 먼저 찾아가는 종합 상담창구로서 자리를 잡았다.

일본에서는 고령자 증가와 함께 제도를 수없이 바꾸고 신설하면서 시설이 다양해졌다. 그 과정에서 '어쩔 수 없이 입주하는 곳'이었던 고령자 시설과 주택은 이제 '조금이라도 불안하면 입주할 수 있는 곳'으로 인식이 바뀌었고 최근에는 건강할 때부터 미리 들어가 새로운 노후 생활을 준비할 수 있는 곳들도 늘고 있다.

이처럼 일본의 고령자 정책은 1950년대 빈곤층 보호에서 시작해 고도

   '나답게' 늙어갈 수 있는 집 1

경제 성장기의 복지 제도 정비, 2000년대의 공적 개호보험 제도 도입, 현재의 지역포괄케어시스템 구축에 이르기까지 단계적으로 발전해 왔다. 고령자 시설 또한 빈곤층 수용을 위한 양로 시설에서 시작해 서민층에게 간병 서비스를 제공하는 특별양호노인홈, 치매 고령자를 위한 그룹홈, 생활 서비스와 간병 및 의료 서비스를 종합적으로 제공하는 유료노인홈, 다양한 생활 지원 서비스를 제공하는 서고주 등으로 다채로워졌다. 다소 늦게 고령자 정책, 시설 마련에 나선 한국도 앞으로 가족 형태와 사회의 변화에 맞춰 다양한 시설, 주택들이 생겨날 것으로 기대한다.

(필자: 류재광)

주택가로 들어오는 세련된 모습의 노인홈

류재광 준교수

일본 간다 외국어대학

고령 친화적인 주거 공간에 돌봄 서비스가 결합된 것을 '시니어리빙 (Senior Living)'이라고 부른다. 고령자의 주거 시설을 뜻하는 것으로서 우리보다 20년 먼저 고령화를 맞이한 일본에는 다양한 시니어리빙이 존재한다. 최근 한국 언론에 종종 소개되는 일본의 유료노인홈, 서비스 제공형 고령자주택(서고주), 특별양호노인홈(특양) 등이 여기에 해당한다.

시니어리빙을 포함한 일본의 노인 간병 시장은 2000년 공적 개호보험(한국의 노인장기요양보험과 유사) 도입 이후 급속히 성장했다. 당시 3.6조 엔 규모였던 시장은 2023년에는 3배 이상인 11.5조 엔으로 확대되었다. 1990년대 중반 이후 명목 GDP가 30년 넘게 500조 엔대에서 제자리걸음을 한 것과는 매우 대조적이다. 노인 간병 시장에서 가장 큰 비중을 차지하는 것이 시니어리빙이다. 일본의 시니어리빙 시장은 규모가 확대되면서 민간 기업 참여 증가, 간병 로봇 등의 에이징 테크(Aging

Tech) 활용, 자립 지원 중심인 간병 서비스 모델의 변화 등 구조적인 발전을 거듭하면서 계속 성장하고 있다.

세 가지의 유형, 200만 명 이상이 이용 중

일본 시니어리빙은 운영 주체에 따라 크게 세 가지 유형으로 나뉜다. 첫 번째로는 사회복지법인이나 의료법인이 운영하는 준공적 형태의 개호보험 시설로서 대표적인 예가 특양이다. 월평균 비용은 10~15만 엔으로서 서민층을 위한 요양시설이라 할 수 있다. 둘째, 지자체가 운영하는 케어 하우스, 실버 하우징, 양호 노인홈 등이 있어 지역 내 저소득층이 비교적 저렴하게 이용할 수 있다. 마지막으로 민간 기업이 공급하는 유료노인홈과 서고주가 있다. 1인실이 기본으로서 식사를 포함한 다양한 서비스를 제공하며 가격대는 지역에 따라 몇 만 엔에서 100만 엔 이상까지 다양하다. 고령자의 건강 상태와 소득 수준에 따른 시설들을 분류해 그래프로 표시하면 다음과 같다.

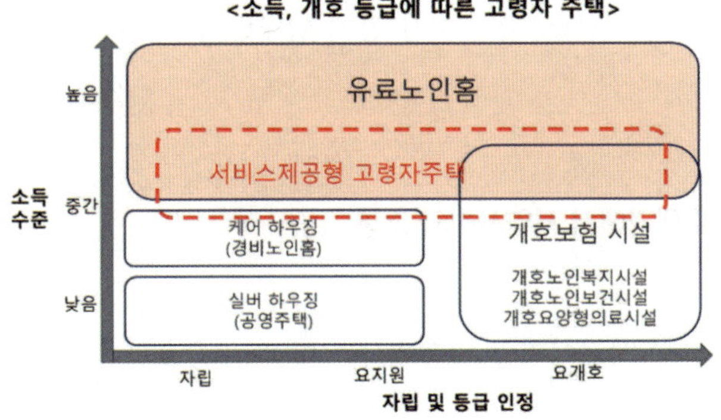

자립 생활이 가능하면서 소득 수준이 낮은 고령자는 지자체에서 제공하는 경비 노인홈(실버 하우징)이나 공영 주택(케어 하우스) 이용이 가능하다. 거동이 불편해지면 비교적 저렴한 개호 노인 복지시설인 '특양'에 입주해 돌봄을 받을 수 있다. 중산층을 위한 입주 시설로는 서고주가 있다. 건강할 때뿐만 아니라 요양 등급을 받은 이후에도 입주할 수 있다. 마지막으로 고소득층을 위한 다양한 유료노인홈이 있다. 대부분은 자립 단계부터 입주해 요양 등급을 받아도 퇴소하지 않고 그대로 생활하며 돌봄 서비스를 받다가 임종까지 맞이할 수 있다. 도심에도 많이 있으며 고소득층을 타깃으로 하여 이용료가 비싼 만큼 특징 있는 고급 서비스들을 제공하는 곳이 많다.

특양 등 개호보험 시설은 전국적으로 약 1만 4천 개에 이르며 약 100만 명이 이용하고 있다. 지자체가 운영하는 시설은 약 4,700개, 이용 인원은 약 20만 명에 그친다. 이에 비해 민간이 운영하는 유료노인홈, 서고주, 그룹홈 등은 약 4만 개에 달하고 이용자도 약 120만 명에 달한다.

이러한 상황은 지난 20년간 민간 부문이 꾸준하게 시설을 공급해 온 결과다. 일본에서는 시니어리빙을 개인이 아닌 법인에서만 운영할 수 있으며 토지와 건물은 20년 이상 장기 임대하여 운영하는 방식이 일반적이다.

대도시 주택가에서 지역사회와 소통

최근 일본의 시니어리빙 시장에서는 몇 가지 중요한 트렌드가 나타나

　　　　　　　　　　　'나답게' 늙어갈 수 있는 집 1

고 있다. 과거에는 고령자 시설이 주로 외곽 지역에 있었지만 최근에는
도쿄, 오사카 등 대도시의 주택가로 들어오고 있다. 고령자들이 기존에
살아온 지역에서 여생을 보내고 싶어 하는 욕구를 반영한 것이다. 또한
중산층 이상을 대상으로 고급화한 시설이 증가하면서 주상복합 단지 내
에 고급 유료노인홈을 포함하거나 역세권 개발 과정에서 함께 기획하는
사례도 늘고 있다.

운영 방식의 변화도 뚜렷하다. 과거에는 지역사회와 단절된 형태로 운
영하던 고령자 시설들이 이제는 1층에 카페, 레스토랑, 셰어하우스 등을
병설해 지역사회와의 소통을 강화하는 방향으로 바뀌고 있다. '시설'이
라는 이미지를 탈피하기 위해 인테리어를 개선하고 외관을 고급 레지던
스나 리조트와 같은 분위기로 만드는 경우도 많다.

또한 입주 정원이 정해져 있는 시니어리빙의 특성상, 기업들은 다수의
시설을 운영하며 규모의 경제를 실현하고 있다. 이를 통해 식자재, 복지
용품 구매 비용을 줄이고 요양 보호사 교육과 경력 관리를 체계화해 간
병 서비스의 질을 높이고 있다. 디지털 기술도 활용에도 적극적이다. 신
기술 도입에 소극적인 일본 사회이지만 복지 분야에서는 센서와 간병 로
봇을 도입하고 간병 기록을 디지털화하여 맞춤형 돌봄 서비스를 제공하
려는 시도가 잇따르고 있다.

일본 정부도 적극적으로 지원

일본 정부도 고령자 간병 시장의 구조적 문제 해결을 위한 정책에 적

극적이다. 대표적인 과제인 낮은 생산성과 인력 부족에 대해서는 여러 사회복지 법인이 협력해 '경영의 협동화 및 대규모화'를 추진할 수 있도록 제도적 기반(사회복지 연계 추진법인 제도 도입, 장기요양 시설의 경영 개선을 위한 협동화·대규모화 정책 패키지 등)을 마련했다. 사회복지 법인들의 연계를 강화하고 규모의 경제를 실현해 경영 효율성을 높이려 한다. 또한 시설의 디지털 전환도 적극 지원한다. 업무 프로세스를 개선하고 간병 데이터를 체계화해 간병 서비스를 더 정교하게 제공하기 위한 시책이다.

인력 부족 문제를 해결하기 위해서는 간병 인력의 처우를 개선하고 직업에 대한 인식 제고를 위한 홍보와 이미지 개선 사업을 추진 중이다. 외국인 인재를 확보하고자 인도네시아, 필리핀, 베트남과 경제연계협정(EPA)을 체결하고 새로운 체류 자격도 마련했다. 외국인 간병인들의 기존 체류 자격인 '기능 실습', '특정 기능'은 최장 5년이라는 제한이 있어 이를 보완하고자 체류 기한을 없앤 '고령자 간병'이라는 체류 자격을 신설했다. 이를 통해 외국인들이 안정적으로 장기간 근무할 수 있도록 했다.

시니어리빙은 고령자를 위한 단순한 주거 공간이 아니라 초고령 사회의 핵심 인프라다. 한국도 안정적인 공급과 운영 체계를 구축해 고령자 간병 시장을 체계적으로 발전시킬 필요가 있다. 일본 사례에서 얻은 교훈을 바탕으로 더 효율적이고 지속 가능한 돌봄 정책을 마련해야 한다.

특히 국가 재정을 유지하기 위해서라도 민간 기업의 참여를 활성화하고 이를 뒷받침할 법적, 제도적 기반을 정비하는 것이 필수적이다. 10년 뒤에는 간병 수요가 큰 폭으로 증가하는 75세 후기 고령자가 고령자의 절

'나답게' 늙어갈 수 있는 집 ❶

반을 차지할 전망이다. 급격한 수요 증가에 대비해 하루빨리 대책 마련을 서둘러야 '고령 친화 사회'라는 슬로건이 꿈이 아닌 현실이 될 것이다.

* 이 원고는 2025년 5월 12일 중앙일보 플러스에 기고한 글(집필 류재광) 을 일부 수정 보완한 내용입니다.

3장

함께 어울려 살아가기

실버타운이 좋다는데, 왜 마음이 안 내킬까

"함께 살더라도 노인끼리만 살고 싶지는 않아"

많은 이들이 노후에 어디에서 살지를 이야기하면 본인의 집 다음으로 떠올리는 것이 요양원, 실버타운과 같은 고령자 전용 시설이다. 각종 편의 시설과 커뮤니티 공간이 잘 갖춰져 있고 의료기관과도 가까운 곳. 그런데 이상하게도 그런 시설들을 직접 보면 마음 한구석이 쓸쓸해진다.

> "은발의 노인뿐인 실버아파트는 마치 거대한 노인정 같다. 느리고 불편한, 늙은 몸들을 마주칠 때마다 그 불편함이 마치 내 것인 양 느껴진다."

『초보 노인입니다』를 쓴 김순옥 작가는 자신이 살았던 실버 아파트(분양형 실버타운)의 모습을 이와 같이 표현했다. 결국 그녀는 입주한 지 3년이 채 안 되어 실버 아파트를 나와 일반 아파트로 이주했다고 말했다.

'노인들만 사는 곳'이라는 구조는 자연스럽게 세상과의 단절을 만든다. 대부분 익숙한 동네를 떠나게 되고 다양한 연령대의 사람들과 어울릴 기회도 줄어든다. 그 안에서 '나는 이제 사회의 한쪽 구석으로 밀려난 노인'

'나답게' 늙어갈 수 있는 집 **1**

이라는 생각이 커지며 정체성이 바뀌는 경험을 하게 된다. 젊은 시절과 똑같이 하루 24시간, 1년 365일의 시간을 보내야 하는 노후의 일상에 필요한 건 안전과 편의만이 아니다. 여전히 삶을 살아가는 존재로서의 의미, 사람들과의 관계가 없으면 남는 것은 노인 우울증뿐이다.

왜 노인만 살아야 하지?

이 질문에서 새로운 노후 주거의 상상이 시작된다. 실제로 세계 여러 나라에서 다양한 세대가 함께 생활하는 주거 모델이 점차 주목받고 있다. 한국에서도 실험은 진행 중이다. '한 지붕 세대 공감'과 같은 노인과 청년의 공유주택 사업이 2013년부터 시작되었고 마을 단위의 세대 통합형 공동체 주거도 하나씩 생겨나고 있다. 서울시는 1인 가구 증가에 맞춰 '노장청 세대통합 주택' 시범사업을 추진하고 있다. 1인 가구의 고립문제를 해소하기 위해 노인, 장년, 청년 모두가 입주할 수 있도록 만든 공공주택을 공급하는 사업이다. 민간에서도 노인만 사는 곳이 아닌 다양한 연령대의 사람들이 어울려 살 수 있는 복합 시니어 타운을 개발하는 사례가 늘고 있다.

우리가 방문했던 일본의 고령자 주택과 요양 시설에서는 노인들만의 고립된 공간이 되지 않도록 다양한 노력을 하고 있었다. 도쿄에 있는 고령자용 임대 주택 '긴모쿠세이'는 입구에 아이들이 좋아하는 과자와 장난감을 판매하는 작은 가게를 운영해 방앗간을 그냥 지나치지 못하는 참새처럼 동네 아이들과 부모들이 오가며 들른다. 아이들을 맞이하고 판매하는 일에는 이곳에 입주해 있는 노인들이 자원봉사 활동으로 참여하고 있었다.

도치기생협에서 운영하는 '후레아이코프'도 요양원 안에 아이들을 위한 공간을 마련하고 유치원생과 초등학생 대상의 다양한 학습 및 교육 교실을 수시로 진행해 입주 노인들이 자연스럽게 아이들을 볼 수 있다. 주택가에 위치한 '고토엔'은 고령자 요양원 운영을 시작한 이후 지역에서 보육 시설이 필요하다는 이야기가 나오자 시설 확장 기획 단계부터 세대 간 교류를 반영한 사례다.

독특한 건축 디자인이 인상적인 히로시마의 유즈컴퍼니는 '개호시설+호텔', '치매 노인을 위한 그룹홈+대학생 셰어하우스', '저소득층을 위한 특별양호노인홈+레스토랑' 등 고령자 시설별로 특색 있는 지역 교류와 세대 간 교류 공간을 결합해 운영한다. 여기서 한발 더 나아가 다양한 연령층의 세대가 함께 입주해 일상과 돌봄을 나누며 함께 살아가는 주거 모델인 컬렉티브하우스도 있다.

이렇게 어울러서 함께 살다 보면 초기에는 낯설고 불편함도 있지만 함께 지내며 서로에게 자연스럽게 도움이 되는 구조로 발전한다. 청년은 어른들에게 삶의 경험을 듣고 노인은 디지털 세상에 대한 도움을 받는다. 누군가의 병원 진료에 동행해 주는 일이 생기고 가끔 서로 밥과 반찬을 나누기도 한다. 그렇게 서로 이웃이 되고 식구가 된다. 세대가 뒤섞인 공간에서는 고립과 외로움이 줄어든다. 관계는 정서적 안정감을 주고 '누군가를 위해 할 수 있는 일'이 있다는 것은 삶의 의미를 되살린다. 이와 동시에 사회도 활력을 얻는다. 이것이 바로 고령화 사회가 '부담'이 아니라 '가능성'으로 전환되는 순간이다.

   '나답게' 늙어갈 수 있는 집

이상과는 다른 현실 속 문제들

하지만 이렇게 이상적인 세대 통합 주거가 실제로 확산되기는 쉽지 않다.

가장 큰 장벽은 제도다. 현행의 공공주택 정책은 여전히 연령이나 소득 기준 중심으로 설계되어 있고 세대 통합형 공동체를 만들어 얻을 수 있는 인센티브도 부족하다. 민간에서는 수익성이 불확실하다는 이유로 주저하는 경우가 많다.

문화적인 장벽도 크다. 노인 세대는 익숙한 방식의 주거를 선호하고 청년층은 개인의 프라이버시와 자유로운 생활을 중시한다. 서로의 생활 리듬이 달라 갈등이 생기기도 한다. 경제적인 현실도 무시할 수 없다. 다양한 세대가 함께 생활하는 구조에서는 임대료나 관리비 분배 방식이 복잡해지는데 운영을 위한 중간 지원 조직이 없어 어려움을 겪는 경우가 많다.

이러한 문제에서는 전체 거주자 중 절반은 노인, 절반은 청년으로 구성하고 각자의 필요와 기여를 반영해 계약 방식을 설계하는 '혼합형 주거 모델'이 하나의 해법이 될 수 있다. 특히 지자체나 공공기관이 초기 인프라 조성과 운영비 일부를 지원하면 진입 장벽은 크게 낮아질 수 있다. 또한 개인적으로 실천할 수 있는 길도 있다. 예를 들어, 은퇴 후 자신이 가진 집의 일부를 다른 세대와 나누는 '하우스 셰어링'을 운영하거나 친족이 아닌 사람들과의 공동주택 운영에 참여하는 것이다.

우리 함께 살아요!

················

지금까지 우리는 노후를 '편안한 곳에서 여생을 보내는 시간'으로만 상상해 왔다. 하지만 삶은 끝까지 살아가는 것이고 그 과정에는 여전히 관계, 역할, 변화가 필요하다. '노인들만 모여 사는 곳'이 아니라 다양한 사람들이 섞여 사는 공간에 머물면 노인은 더 이상 보호의 대상이 아니라 누군가의 이웃이자 친구로서 살아갈 수 있다. 이제 우리는 질문해야 한다. 나는 어떤 노후를 꿈꾸는가? 연결된 삶, 나눌 수 있는 집, 함께 살아가는 공동체. 그 가능성은 이미 우리 곁에 있다.

(필자: 김수동)

'나답게' 늙어갈 수 있는 집 **1**

히로시마에서 만난 복합 시설 '미소노코(みそのっこ)'
청년과 아이들이 노인홈에 모여드는 이유

우리가 돌아본 고령자 주택과 요양 시설 대부분은 카페, 식당, 과자 가게, 놀이방, 작은 도서관 등 형태는 다양하지만 공통적으로 '지역과 연결되는 집'을 지향하고 있었다. 열린 공간들은 때로 아이들의 놀이터가 되고 청년들의 거실이 되며 때로는 동네 주민들이 모여 축제를 여는 광장이 된다. 이들은 왜 굳이 '개방'을 택한 것일까?

이유는 단순하다. 노인의 삶은 지역사회와 단절되어서는 유지될 수 없기 때문이다. 돌봄이 시설 내부에만 갇히면 노인의 삶도 함께 갇힌다. 노년의 외로움과 고립은 그 자체로 큰 사회적 위험이다. 개방된 공간은 그 틈을 메운다. '사람의 흐름'이 끊기지 않는 구조, '웃음소리'가 자연스럽게 들려오는 동선은 단순한 건축 설계가 아니라 삶의 질을 유지하는 중요한 장치다.

외부에 개방된, 살아 있는 공간

히로시마에서 만난 복합 시설 '미소노코'는 소통의 철학이 잘 구현된 공간이었다. 이곳에 '요양 시설'이라는 말은 어울리지 않는다. 미소노코는 치매 노인을 위한 그룹홈, 간타키(정식 명칭: 간호 소규모 다기능형 거택

히로시마에 위치한 복합시설 '미소노코'의 전경

개호시설) 등으로 구성되어 있었는데 그 안에 대학생 셰어하우스와 개방형 지역 교류 공간도 함께 있었다. 처음에는 조금 낯설었지만, 곧 이 모든 구조가 치밀하게 설계된 하나의 복합 공간이라는 사실을 알 수 있었다.

건물 입구에는 아담한 지역 교류 공간이 있다. 작은 주방과 바 테이블이 있고 안쪽은 정원과 연결되어 있다. 지역 주민 누구나 자유롭게 드나들 수 있는 열린 홀이다.

이곳에서는 텃밭 수확 축제부터 작은 음악회, 동네 주민들의 바자회, 학생들의 댄스파티까지 주민들을 위한 다양한 행사가 열린다. 공간은 건물 안쪽의 정원으로 이어지고 천장이 개방되어 있어 2층에 있는 그룹홈 노인들이 이곳에서

지역 주민 누구나 자유롭게 이용할 수 있는 교류 공간

열리는 행사 분위기를 함께 느낄 수 있다.

사람들의 발걸음 소리, 아이들의 웃음소리가 들려오고 햇살과 바람이 드나드는 이 개방 공간은 노인들에게 정서적 안정감을 준다. 단절되지 않은 삶, 외롭지 않은 노후. 이것은 단순한 시설 설계가 아닌, 삶의 방식에 대한 철학을 담은 공간 디자인을 통해 실현되어 있었다.

아이를 데리고 출근하는 개호복지사

더 놀라운 것은 그 안에서 일하는 사람들의 모습이었다. 노인 요양 시설에서 아기 울음소리가 들려 돌아보니 상상하지 못했던 장면이 펼쳐졌다. 이제 돌이나 지났을까 싶은 어린 아기가 엄마로 보이는 젊은 여성의 손을 잡고 호기심 어린 표정으로 낯선 방문객인 우리를 쳐다보고 있었다. 그리고 옆에서는 할머니들과 개호복지사 등 여러 사람이 모여 재밌다는 듯이 웃으며 아기를 바라보고 있었다.

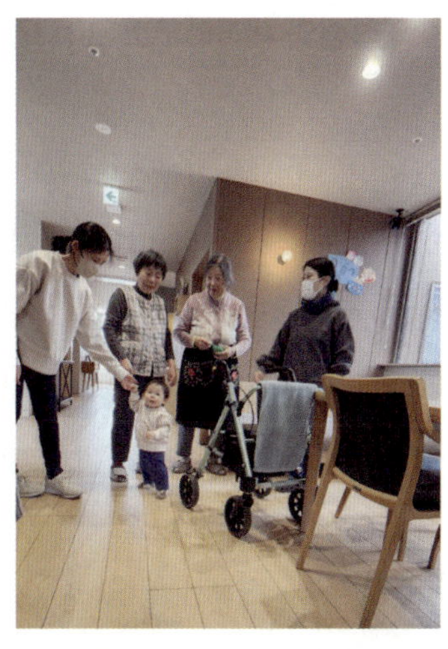

엄마의 직장이자 아이의 휴식처가 되는 노인홈

물어보니 젊은 여성은 아기의 엄마이자 치매 노인 그룹홈에서 일하는 개호복지사였다. 그녀는 아기를 데리고 출근하고 아이는 엄마가 일하는 동안 자연스럽게 노인들과 시간을 보낸다고 했다. 어린아이의 손을 잡은 노인은 웃고 아이는 간식을 받아먹으며 즐겁게 시간을 보낸다. 그리고 엄마인 복지사는 그 사이에서 일을 한다. 다른 직원들의 자녀들도 방과 후에는 이곳에 와서 숙제를 하거나 놀다가 엄마와 함께 퇴근한다. 아이와 노인, 젊은 엄마와 직원들. 그들의 모습에는 업무나 돌봄이라는 말보다 '생활'이라는 말이 더 잘 어울렸다. 그곳에는 혈연을 넘어선 사회적 가족이 있었다. 돌봄이 업무로만 분리되지 않고 일상이자 삶이 되는 그곳의 공기는 참 따뜻했다.

대학생의 셰어하우스, 30시간의 상호 교류

한편, 개방된 지역 교류 공간 오른쪽에는 인근 지역 대학생을 위한 셰어하우스가 있었다. 이곳에 사는 대학생들은 한 달에 30시간, 그룹홈에서 노인을 위한 봉사 활동을 하면 월세 3만 엔이 면제된다. 활동은 간단하다. 함께 식사를 하거나 말벗이 되어 주거나 산책을 함께하는 등 의료나 돌봄의 전문 지식이 필요 없는 간단한 일들을 하며 함께 시간을 보내는 것이 핵심이다.

처음에는 생활비를 절약하기 위해 시작하지만 노인들과 어울려 지내다 보면 자연스럽게 서로를 알게 되고 친해져 '좋아서 하는 일'이 된다. 이러한 구조는 단순한 복지 프로그램이 아니라 세대 간의 우정을 경험할 수 있도록 하는 새로운 방식의 주거 실험이다. 무엇보다 중요한 건 이들이 '도움을 주는 사람'만이 아니라는 점이다. 오히려 노인의 삶에서 배우고 느끼고 본인의 외로움도 덜게 되는 관계. 돌봄이 한쪽으로만 향하는

　　　　　　　　'나답게' 늙어갈 수 있는 집

셰어하우스: 대학생들은 간단한 일들을 함께하며 시간을 보내고 월세를 할인받는다.

'일방 통행'이 아니라는 사실을 여실히 보여 주는 장면이었다.

가족이 아닌데 가족이 되는 삶, 혈연이 아닌데도 함께 살며 서로를 돌보는 사람들. 그들은 일터와 집의 경계를 허물고 세대와 역할의 장벽을 넘는다. 누군가는 일하고 누군가는 식사를 준비하고 누군가는 낮잠을 자고 누군가는 책을 읽는다. 그렇게 공간은 단순한 '시설'이 아닌 살아가는 '생활 공간'이 된다. 이곳에서 가족이란 '함께 시간을 보내는 사람들'이다. 우리는 언제부터 가족을 혈연으로만 한정했을까? 함께 밥을 먹고 이야기를 나누고 서로의 변화를 알아채는 존재들. 그러한 관계라면 꼭 피를 나누지 않아도 충분하다. 미소노코는 그들 '모두의 집'이었다. 노인들만의 공간이 아닌 어린아이, 대학생, 개호복지사, 지역 주민까지 함께 머무는 삶의 터전이었다.

우리도 가능할까?

왜 지역과의 개방과 연결이 중요한가? 그것은 곧 '삶의 지속성'을 위한 일이기 때문이다. 노인은 보호받아야 할 존재가 아니라 여전히 관계 안에서 살아가야 하는 사람이다. 그리고 사람 사이의 관계는 벽을 낮추는 공간 설계와 문을 여는 사회적 상상력에서 시작된다. 이곳은 노인을 위한 시설이라기보다 노인을 중심으로 다양한 세대와 삶이 연결된 하나의 '마을'에 가까웠다. 청년과 아이들이 먼저 찾아오고 일하는 사람들도 아이를 데리고 출근하며 누구나 드나들 수 있는 열린 공간에서 자연스럽게 관계가 생겨난다.

이쯤에서 질문을 던지지 않을 수 없다. 이런 공간이 과연 한국에서도 가능할까?

우리는 제도나 예산, 인력 부족을 먼저 떠올리지만 더 깊이 자리 잡은 장애물은 따로 있다. 바로 우리 사회 곳곳에 스며든 '노인 혐오 정서'다. 노인을 부양의 대상, 사회의 부담으로 바라보는 시선은 노인을 타자화하고 돌봄을 분리시켜 결국 우리 모두의 미래를 좁게 만든다. 누구나 나이가 들어 간다. 우리가 외면하는 노인의 얼굴은 바로 나의 미래이기도 하다. '노인은 달라질 수 없다'라는 단정은 사실 노인을 밀접하게 만나 본 적 없는 사람의 말일지도 모른다.

일본에서 본 따뜻한 공간들, 아이들이 웃고 대학생이 노인과 산책하며 개호복지사가 아기를 안고 일하는 풍경은 '노인'이라는 말의 이미지를 달라지게 한다. 돌봄과 일상이 분리되지 않고 세대 간 접촉이 일상적으로

　　　　　　'나답게' 늙어갈 수 있는 집

일어날 때, 사람이 나이로 나뉘지 않고 관계로 연결될 가능성을 찾을 수 있다. 이것을 가로막는 것은 제도의 미비, 예산과 인력 부족이 아니라 우리의 인식이다. 사회가 노인을 대하는 태도를 바꾸지 않는다면 훌륭한 건물도 좋은 프로그램도 결국 또 다른 형태의 고립된 시설이 될 뿐이다.

물론 제도와 법, 문화의 벽이 있다. 하지만 이곳에서 가장 인상적이었던 것은 공간의 형태나 프로그램의 정교함이 아니라 그 안에서 사람들이 맺고 있는 관계의 밀도였다. 노인을 수용하는 곳이 아닌 함께 살아가는 집. 일을 하는 곳이 아닌 함께 시간을 나누는 공간. 복지를 제공하기만 하는 곳이 아닌 삶을 함께 만들어 가는 공동체. 일본의 사례는 '공존의 실험장'으로서 매우 시사점이 크다. 한국에서도 작지만 실험적인 시도를 시작해야 한다. 노후 주거, 이제는 '함께 사는 방식'을 먼저 고민해야 할 때이다. 사람은 나이로 나뉘지 않는다. 관계로 연결된다.

(필자: 김수동)

아이와 노인, 장애인이 함께 어울리는 '고토엔(江東園)'

아이들의 웃음소리만으로도 힐링되는 곳

요즘 도시의 골목길과 놀이터는 조용하다. 예전처럼 아이들이 뛰어노는 소리가 들리지 않는다. 어린이집이 줄어들고 서울에서도 학생 수 감소로 문을 닫는 학교가 생기고 있다. 한편 어린이집과 학교가 줄어드는 만큼 노인 요양 시설이 늘어나고 있다. 혼자 사는 노인도 많고 청년들도 대부분 1인 가구로 사회생활을 시작한다. 동네에서 이웃과 인사조차 나누지 않는 '고립형 일상'이 확산되면서 우리는 점점 고독해지고 약해지고 서로에게서 멀어지고 있다. 저출산·고령화 사회란 단순한 숫자의 변화가 아니라 '일상의 관계와 공간, 삶의 방식이 전체적으로 재편되는 사회'이다.

고령화 사회, 활기를 잃은 도시에 있는 요양원이라고 하면 어떤 모습이 떠오를까? 회색빛 복도, 낡은 침대, 누가 보는지 안 보는지 알 수 없는 TV 화면, 그리고 멍하니 앉아 있는 노인들. 아마 이런 모습이 아닐까? 조용하지만 평화롭기보다는 외로움과 단절의 느낌에 가까운 정적이 느껴진다. 하지만 이렇게 우리가 상상하는 모습과는 전혀 다른 곳이 있다고 해서 찾아 나섰다.

'나답게' 늙어갈 수 있는 집 ❶

세대를 잇는 돌봄, 자연스럽게 생겨나는 관계들

일본 도쿄 에도가와구에 위치한 고토엔은 전통적인 복지 시설의 한계를 뛰어넘어 노인과 아이들이 함께 생활하며 교류하는 복합 복지 모델로 주목받는 곳이다. '고령자와 유아의 행복 추구자'라는 이념 아래 개성과 개별성을 존중하는 돌봄과 보육을 지향하고 있다. 여기서 돌봄이

고령자 주거 시설과 유치원을 통합 운영하는 고토엔은 도심 주택가에 위치하고 있다.

란 단순한 보호가 아닌 인간다운 삶에 대한 존중과 관계를 기반으로 하는 돌봄을 뜻한다. 고토엔에는 시설과 재택, 장애인과 비장애인, 유아와 노인, 인종의 벽을 넘는 진정한 복지 사회의 실현이라는 기본 철학이 단순한 말에 그치는 것이 아니라 시설 구조와 운영 방식 전반에 녹아들어 있었다.

단일 용도가 아닌 요양원, 특별양호노인홈, 그룹홈, 데이서비스, 유치원, 그리고 지적장애인 돌봄 시설까지 통합된 구조로서 층마다 다양한 기능이 유기적으로 연결되어 있다. 1층에는 홈헬퍼 스테이션과 지역 카페 '츠바키(Tsubaki)', 방문 케어 서비스 센터가 있고 2층에는 발달장애인을 위한 사회 훈련 공간, 3층에는 노인을 위한 데이서비스 센터, 재활과 여가 프로그램 운영 공간이 있다. 이 외에 거택개호지원, 쇼트스테이, 도시락 배달, 상담소 등 지역사회 전반을 아우르는 재가서비스도 함께

운영한다. '시설 내 복지'에 그치지 않고 인근에 사는 고령자와 장애인을 대상으로 찾아가는 돌봄을 실천하며 공간의 개방성과 지역 네트워크 중심의 복지를 실현하고 있다.

아이와 노인이 함께하는 일상

세대 통합형 복지 모델인 고토엔에는 유치원에 다니는 7세 이하 유아 100명과 시설에 입주해 있는 65세 이상의 노인 100명이 함께 생활한다. 단순히 같은 공간에 머무는 것이 아니라 매일 아침 함께 운동하고 악수하며 인사를 나눈다. 어르신이 아이에게 옛날이야기를 들려주는 시간, 산책과 보드 게임, 계절별 축

유치원 모습: 학부모들은 아이가 노인들과 어울린다는 사실을 미리 알고 입학을 결정한다.

제와 놀이 프로그램을 통해 자연스럽게 관계가 형성된다.

이러한 교류는 노인과 아이들 모두에게 깊은 영향을 준다. 아이들은 나이 든 사람을 두려운 상대가 아닌 친근한 존재로 받아들이며 자라고 노인들은 손주처럼 아이를 돌보며 삶의 의미와 정서적 유대감을 회복한다. 이처럼 '노인은 병약하고 도움을 받아야 하는 존재'라는 고정관념을 깨뜨리고 '아이들은 가정이 책임져야 한다'라는 사회적 부담을 나누는 모습을 통해 저출산·고령화, 돌봄 위기 문제의 해결을 위해 추구해야 할

'나답게' 늙어갈 수 있는 집

방향성을 보여 주고 있다.

이처럼 고토엔의 가장 큰 특징은 '세대 간 교류'이다. 시작은 형편이 어려운 노인들을 돌보는 양로원이었지만 시간이 흐르고 경제가 성장하면서 맞벌이 부부가 많아지자 어린이 보육 시설이 더해졌고 장애인 돌봄 시설이 추가되었다. 양로원으로 시작한 이곳에 어린이 보육 시설이 생기자 놀라운 변화가 일어났다. 아이들이 웃자 노인들의 표정이 바뀐 것이다. 무표정하던 얼굴에 미소가 생기고 우울하던 기운이 사라졌다. '사람'은 다른 사람과 연결될 때 비로소 살아 있다고 느끼는 존재라는 사실을 다시 한번 떠올리게 한다.

다세대 교류를 중시하는 만큼 다른 시설들과는 공간 배치부터 달랐다. 재활 치료실은 창 너머로 아이들이 뛰어노는 모습을 볼 수 있게 설계되었고 아이들이 노인들과 인사를 나누고 함께 그림을 그리고 간식을 먹는 공간도 있다. 우리 일행도 시설을 돌아보던 중 아이들을 만났다. 아

물리치료실: 창문을 통해 아이들이 뛰어노는 운동장을 내려다 볼 수 있다.

이들은 우리를 향해 큰 소리로 "오하이오~ 고자이마스!(안녕하세요!)"라며 합창하듯 인사를 했다. 모두의 얼굴에 호기심과 환한 웃음이 가득했다. 하루의 피로가 한순간에 사라지는 듯한 느낌. 정말이지, 아이들의 웃음소리만으로도 힐링이 되었다.

각자의 돌봄에서, 함께하는 돌봄으로

안타깝게도 한국 사회에서 '복지 시설'이라고 하면 많은 사람들은 불편함, 주변 집값 하락 등의 단어를 먼저 떠올린다. 하지만 이번 견학을 통해 복지 시설이 혐오의 대상이 아닌 지역의 품격을 높이는 존재가 될 수 있다는 확신이 들었다.

고토엔은 돌봄의 공간이 아니라 지역사회의 삶과 연결된 '주민 공동체의 자산'이었다. 지역 주민들이 아이를 맡기고 노인들이 아이들의 재롱에 웃고 장애인들이 함께 어울리는 풍경은 '복지'라는 말이 그저 제도로만 존재하는 것이 아님을 보여 주었다.

핑크빛으로 밝게 꾸민 특별양호노인홈 내부 모습

돌봄에는 전문성과 개별성, 즉 '각자에게 맞는 방식'이 중요하다고 이야기한다. 맞는 말이다. 노인에게 필요한 돌봄과 어린이에게 필요한 보호, 장애인을 위한 지원은 모두 다르다. 하지만 이곳에서는 그보다 한 걸음 더 나아가 '따로따로의 돌봄'이 아닌 '함께하는 돌봄'을 실천하고 있었다. 물론 서로 다른 세대를 섞는 일은 결코 쉽지 않다. 아이의 안전, 노인의 건강, 장애인의 생활 리듬 등 조율해야 하는 것들이 많다. 함께 있는 것 자체가 스트레스가 되는 때도 있다. 그래서 많은 복지 기관이 '교류는 좋지만 현실에서는 어렵다'라며 고개를 젓는다.

'나답게' 늙어갈 수 있는 집 ❶

고토엔도 처음에는 마찬가지였다고 한다. 특히 아이들이 노인들과 같은 공간에서 생활하는 것에 대해 적지 않은 부모가 반감을 보였고 까다로운 규제를 통과하고 인허가를 받기 위해 할 일도 많았다. 하지만 설립 이후 우려할 만한 사건이 발생하지 않으면서 점차 보육 시설에 대한 신뢰가 쌓여 갔다. 그들이 세대 간 통합을 포기하지 않는 이유는 분명했다. 사람은 사람과 연결될 때 건강해지고 살아 있다고 느끼기 때문이다.

이곳의 이야기를 듣고 있으니 내가 살고 있는 공동체 주택 '여백' 초창기의 모습이 떠올랐다. 공동체 주택을 짓기 위한 설계 검토 모임에서 서로의 생각이 부딪치면서 분위기가 심각해졌고 침묵 속에서 밤이 깊어져 가고 있었다. 그때, 밖에서 놀던 젊은 부부의 세 살배기 아이가 갑자기 큰 소리로 엄마 아빠를 부르며 달려 들어왔다. 그 순간, 침묵을 깨고 등장한 천진한 표정의 아이를 보고 모두가 웃었다. 긴장도 갈등도 모두 아이의 웃음 앞에서 무장해제가 되었다. 또 다른 공동체 주택에서는 성인 발달장애인을 새 식구로 맞이하기도 했다. 처음에는 장애인과 함께 사는 것에 대해 걱정하기도 했지만 시간이 지나면서 모두가 '함께 사는 것의 의미'를 배울 수 있었다. 결국 사람을 변화시키는 것은 정책이나 제도가 아니라 관계와 일상의 경험이라는 사실을 확인했다.

생각을 바꾸면 새로운 길이 보인다

고토엔의 모습은 우리에게 묻는다. 정말로 우리는 돌봄을 분리해야만 할까? 누구를 위한 분리일까? 노인, 아이, 장애인이 서로 다른 공간에서 지내는 것이 정말 모두를 위한 안전일까? 어쩌면 현재 시설 대부분의 모습은 필요한 연결을 차단한 '편리한 분리'에 불과한 것일지도 모른다.

지역의 복지 시설을 주민들이 드나드는 일상 공간으로 개방해 보자. 시설 안에서 다양한 세대가 만나 인사를 나누고 함께 시간을 보내는 경험을 늘리고 '복지 시설=특수 시설'이라는 인식을 '복지 시설=공동의 자원'으로 바꿔 보자. 복지란 결국 함께 사는 법을 배우는 과정이다. 노인과 아이, 장애인과 비장애인이 서로를 불편한 존재가 아니라 일상의 일부로 받아들이게 되는 것, 그렇게 조금씩 서로에게 익숙해지는 것이 진정한 복지의 의의다.

그리고 새로운 복지의 시작은 아이들의 웃음소리일지도 모른다. 아이들의 웃음소리가 들린다는 것은 그곳에 희망이 있고 돌봄이 오가고 삶이 움직이고 있다는 징표이다. 그 소리를 듣는 사람들은 "아, 우리 마을에 아직 미래가 있구나" 하는 마음이 든다. 출산율 0명대, 줄어드는 학급 수, 사라지는 놀이터들 속에서 아이들의 목소리는 단지 소음이 아니라 사회가 아직 살아 있다는 신호이기에 더욱 그렇다. 아이들을 만나고 아이들의 웃음소리를 들을 수 있다는 것은 단순한 기쁨을 넘어 '함께 살아가는 즐거움'을 되찾는 경험이기도 하다.

(필자: 김수동)

건물 디자인이 사람들의 발길을 이끄는 '유즈노야(ゆずの家)'

우리 동네 '핫플'은 요양원?

요양원의 새로운 기준과 가능성

"이곳은 당신의 마지막 집이 아닙니다. 이곳에서 다음 거처할 곳을 고르세요."

히로시마 근교의 한 마을. 평범한 시골 동네처럼 보였던 곳에서, 요양원이라는 단어와 전혀 어울리지 않는 풍경과 마주했다. '유즈노야'(일본어로 '유자의 집'이라는 뜻)라는 이름도 아름다웠지만, 건물 앞에 쓰여 있는 이 문장이 나를 멈춰 세웠다. 이 한 줄은 단지 시설을 소개하는 문구가 아니었다. 그것은 다짐이자 선언처럼 다가왔다. 요양원은 죽음을 준비하는 공간이라는 고정 관념을 한순간에, 송두리째 흔들어 버렸다.

처음에는 시설 담당자분이 우리를 미술관으로 잘못 안내하는 줄 알았다. 한쪽으로 기울어진 삼각형 모양의 멋진 건물이 바로 유즈노야였기 때문이다. 건물에 들어선 후 잠시 방향 감각을 잃었다. 지금 들어온 곳이 요양원이 맞는 것일까? 눈앞에 병실이나 휠체어가 줄지어 있는 복도 대신 고급 레스토랑처럼 꾸며진 공간이 펼쳐졌다. 높은 천장과 탁 트인 유리창, 그리고 한가운데 당당히 놓인 그랜드 피아노. 아직 오픈하지 않은

공모전에서 당선된 이곳은
'감성 환경 디자인'이라는 철학을 바탕으로 설계했다.

새 건물이었지만 이 공간을 가득 채운 음악과 대화, 식사하는 사람들의 웃음소리가 들리는 듯했다. 이곳은 오히려 호텔 로비, 혹은 도심 속 핫플레이스 같았다.

일상과 연결된 비일상적인 공간

유즈노야는 2024년 10월에 오픈한 특별양호노인홈(특양)이다. 히가시히로시마시에서 개최한 특양 공모전에서 당선되어 시에서 건축 보조금을 받아 2층 건물을 세웠다. 1층에는 특양의 4개 유닛과 함께 데이서비스, 식당 등 지역 교류 공간을 배치했다. 앞으로는 지역 주민들도 자유롭게 이용할 수 있는 레스토랑을 오픈하고 다양한 이벤트도 기획할 예정이다.

이곳에서 무엇보다 인상적인 것은 그 공간이 시설 거주자들만의 것이

   '나답게' 늙어갈 수 있는 집

특별양호노인홈 1층에 지역 주민 모두가 이용할 수 있는 레스토랑을
마련해 교류의 공간으로 개방한다.

아니라는 점이었다. 지역 주민들이 친구와 점심 약속을 잡고 가족과 주말 저녁을 즐기기 위해 이곳을 찾도록 만들었다. 식사를 위해 들린 이들과 입주해 있는 노인들이 자연스럽게 인사를 주고받는 모습은 '요양원'이라는 말과 너무나도 거리가 있어 보였다. '동네 핫플', 'SNS 감성 맛집'이라는 수식어가 요양원을 설명하는 시대가 올 줄은 정말 몰랐다.

생각해 보니 그것이 바로 유즈노야가 전하고 싶었던 메시지였다. 병원이 아닌, 시설이 아닌, 살아 있는 사람들의 집. 일상과 관계가 살아 숨 쉬는 공간. 그 중심에는 '감성 환경 디자인(Emotional Environment Design)'이라는 철학이 있었다. 사람의 마음을 움직이는 공간, 사람을 움직이게 하는 환경을 실현한다는 철학을 건축 설계 전체에 녹여 넣은 산물이 바로 이곳이었다. 예를 들어 큰 창문을 설치해 밖의 자연을 보다가 산책하고 싶다는 마음이 들도록 하고, 천장을 높게 만들고 큰 창문을 설치한 후 건물 내외부 벽의 색상을 통일해 넓은 공간감을 구현했다.

단, 어디를 보아도 매우 세련되고 뛰어난 감각이 돋보이는 건물이지만 이곳의 인테리어가 고가의 예산이나 최신 자재로 꾸며진 것은 아니다. 시설의 직원들은 동네 벼룩시장과 리사이클 숍을 뒤져 오래된 가구와 소품들을 모았고 다른 시설에 입주해 있는 고령자가 취미로 그린 그림을 인테리어에 활용했다. 그렇게 정성껏 모아 배치한 소품 하나하나가 공간과 어우러져 온기를 불어넣었다. 어쩌면 사람의 손길이 닿은 흔적이 값비싼 물건보다 더 따뜻하고 진심 어린 배려로 다가왔는지도 모른다.

삶을 이어 주는 공간, 유즈노야

그 배려는 단지 미적인 요소에 그치지 않았다. '지역과 어울림'을 전제로 한 설계는 어르신들이 고립되지 않도록 만들었다. 누구나 들를 수 있는 레스토랑, 차를 마시며 누군가를 기다릴 수 있는 장소, 아이들과 부모가 함께 식사하러 오는 공간을 실현했다. 그렇게 유즈노야는 '노인만을 위한 공간'이 아니라 '모두를 위한 공간'이 되었고 현재 노인과 청년, 주민과 방문객, 그리고 요양원 직원까지도 자연스럽게 하나의 공동체를 이루어 함께 지내고 있다. 이 모든 설계의 바탕에는 단 하나의 믿음이 있었다고 한다. '환경이 인간의 행동을 결정한다'는 신념. 회색빛 병실 대신 따뜻한 나무 책장과 햇살이 들어오는 넓은 창, 누구나 드나들 수 있는 열린 공간이 사람들의 마음을 열고, 몸을 움직이게 만든다. 디자인은 곧 행동의 촉매가 되었고, 그 행동은 사람들 사이의 관계를 만들어 냈다. 관계는 삶의 활력이고, 활력은 곧 건강으로 이어진다.

그런 의미에서 유즈노야는 단순한 요양원이 아니다. 어르신들은 이곳을 '마지막 집'이라고 부르지 않는다. '잠시 머무는 곳', '건강을 되찾고 다시 나아가기 위한 집'이라고 말한다. 여행지의 숙소처럼, 이곳은 회복과 재출발의 거점이다. 요양이라는 말 대신 '활동'과 '어울림'이 중심이 되는 공간, 환자가 아닌 지역 주민의 일원으로서 살아가는 곳. 이런 요양원이 현실에 존재한다는 사실이 믿기지 않을 만큼 감동적이었다.

마치 호텔과 같은 내부 인테리어는
'여기가 정말 요양원인가' 하는 생각이 들게 만든다.

단, 유즈노야를 단순히 잘 지은 건물이라고만 말한다면 너무 아쉬운 표현이 된다. 이곳은 일본 사회가 요양원을 바라보는 시선이 어떻게 변화하고 있는지를 보여 주는 증거이기 때문이다. 죽음을 기다리는 시설이 아니라 삶을 다시 시작할 수 있는 공동체, 노인이 고립되지 않고 외롭지 않게 지역사회 주민들 사이에서 살아갈 수 있도록 만들어진 곳. 그 출발점은 바로 사람이었고, 그들을 잇는 '공간'이었다.

새로운 모습의 요양원을 상상하는 즐거움

문득 상상해 보았다. 어느새 머리에 백발이 내려앉은 부모님을 요양원에 보낼 때 죄책감이 아니라 '그곳이라면 괜찮다'라는 안심과 이후의 변화에 대한 기대를 품을 수 있는 사회. 입주하는 본인도 '그곳에 가면 다시 살아날 수 있다'는 희망을 품을 수 있는 공간.

유즈노야는 요양원의 새로운 모습과 기준을 보여 주었다. 이곳을 돌아보며 어느새 나 자신에게 이렇게 묻고 있었다. 노인의 집은 정말 어떤 모습이어야 할까? 사람이 다시 살아나는 공간, 관계가 피어나는 노후의 집, 그런 요양원이 우리의 동네에도 생길 수는 없을까? 이런 요양원이 우리 동네에도 생긴다면 얼마나 좋을까? 언젠가 이러한 상상과 꿈이 현실이 되는 날을 기대해 본다.

(필자: 김정근)

일본식 컬렉티브하우스 '모토소자 코몬즈(元総社コモンズ)'
연령도 가족 구성도 다른 이들이 함께 산다면

개인주의가 팽배한 현대 사회에서 '집'이란 일반적으로 그 누구에게도 방해를 받지 않는 사적인 공간이자 절대적으로 보호되어야 하는 사유 재산으로 인식된다. 하지만 이와 달리 세계 곳곳에는 집을 타인과 함께 사는 공동체의 공간이자 공유 자산으로 인식하는 주거 모델들이 있다.

대표적으로 1970년대 덴마크에서 시작된 '코하우징'이 있다. 핵가족화, 도시화로 인해 전통적인 이웃 관계가 약화되는 것에 문제의식을 가진 시민들이 자발적으로 기획한 공동주택이다. 코하우징은 북유럽 사회의 강한 시민 자율성, 참여 민주주의, 평등한 사회 문화의 영향을 크게 받았다. 북유럽은 복지 국가로서의 기반이 비교적 잘 갖춰져 있어 '국가의 보호 너머에 있는 삶의 질'을 고민하는 중산층 시민이 주도해 만들어냈다. 처음부터 주민들이 스스로 기획하고 설계하고 운영하는 구조를 중시했고 지금도 그와 같은 자율성이 유럽형 코하우징의 핵심이다. 공동 공간과 사적인 공간을 명확히 구분하고 공동체에 대한 참가는 자발적이지만 생활과 가치의 공유는 중시한다.

개인화된 사회 속에서 '적정한 연결'을 찾는 일본

일본의 컬렉티브하우스는 1990년대 이후 북유럽의 코하우징 개념을 받아들이면서 일본 사회 특유의 '일정한 거리를 지키는 인간관계', '개인 책임의 강조', '효율성과 질서 중심의 문화'에 맞게 변형시킨 모델이다. 가족 해체와 고령화, 1인 가구 급증이라는 현실 속에서 완전히 혼자 살기는 외롭고 힘들지만 그렇다고 너무 밀접한 공동체도 부담스러운 사람들이 함께 식사하고 생활하면서 '적절한' 관계를 맺는 주거를 추구했다.

왼쪽이 현에서 운영하는 공공 주택, 오른쪽이 다기능 주택인 모토소자 코몬즈

특히 일본의 경우 복지 사각지대를 민간과 시민 사회가 메우려는 흐름이 강해 사회복지법인, NPO, 기업 등 운영 주체가 다양해졌다. 또한 코디네이터를 통해 거주자 간 갈등을 조율하고 프로그램을 운영하는 것이 일상화되어 있다는 점이 특징이다. 초기부터 다양한 연령층의 공생을

'나답게' 늙어갈 수 있는 집

지향해 온 컬렉티브하우스에서는 고령자만이 아니라 1인 가구, 어린 자녀를 둔 부부, 활동적인 시니어 등 다양한 배경과 상황을 가진 사람들이 함께 어우러져 생활한다. 개인의 프라이버시를 보장하면서도 공동 식사, 텃밭 가꾸기, 취미 활동 등 다양한 프로그램을 통해 입주민 간의 자연스러운 교류와 커뮤니티를 만드는 것이 핵심이다.

조용한 지방 도시에 자리한 '모토소자 코몬즈'

우리 팀의 일본 견학지에도 컬렉티브하우스가 포함되어 있었다. 한국에 많이 알려진 도쿄의 칸칸모리가 아닌 도쿄에서 차로 약 2시간 떨어진 군마현에 위치한 '모토소자 코몬즈'였다. 고령자용 임대 주택인 서고주, 낮 시간의 고령자 케어를 담당하는 데이서비스가 컬렉티브하우스와 결합된 다기능 복합주거 공간으로서 정부 소관인 주택공급공사와 NPO법인 컬렉티브하우징이 협력하여 만든 공공 지원형 사회주택 모델이라고 볼 수 있다.

1층에는 데이서비스 센터 2곳과 컬렉티브하우스 12세대, 2~3층에 서고주 60호실로 구성되어 있다. 처음에는 데이서비스 2곳 중 1곳이 보육원이었지만 수요가 적어 이후에 재활훈련 전문 데이서비스 시설로 변경해 운영하고 있다.

한편 모토소자 다기능 주택 내에 있는 컬렉티브하우스는 총 12세대로서 규모가 작다. 그나마도 지금까지 12세대가 만실인 적이 없고 현재도 8세대만 입주해 있다고 하니 커뮤니티가 활발하다고 보기는 어려운 실

서고주의 공용 휴게실은 고령자들이 익숙한 일본 전통 다다미 바닥을 깔아
편안히 쉴 수 있도록 만들었다.

정이다. 그렇지만 건물 앞에 과일나무를 심어 함께 관리하고 건물 내 공용 공간 청소와 소등은 요일별 담당자를 정해 분담해 서로 자연스럽게 인사를 하며 지낸다. 특히 입주민 교류를 위해 세탁실은 공용으로 설계했다고 한다.

우리가 만난 입주민은 60대 여성 1인 가구였는데 혼자 사는 불안감을 해소할 만한 집을 찾다가 이곳을 소개받아 1년 전에 입주했다. 컬렉티브하우스에 살아 보니 활발한 커뮤니티 활동이 없어도 복도나 세탁실에서 만나면 서로 인사하고 공용 공간의 청소, 소등 등을 주민들과 함께 관리하는 느슨한 교류만으로도 혼자라는 불안함이 줄고 안정감을 느낄 수 있다고 말했다.

컬렉티브하우스는 10여 년 전 세계적인 공유 경제 붐과 함께 '공동체적인 삶'을 원하는 사람들에게 주목을 받았지만 최근에는 대중적인 관심이 줄어들고 있는 듯하다. 그렇다고 컬렉티브하우스의 의미를 평가절하

'나답게' 늙어갈 수 있는 집 1

외부에서 정기적으로 찾아오는 이동 슈퍼는 누구나 자유롭게 이용할 수 있다.

할 이유는 없다. 함께하는 삶의 가치를 중요하게 생각하고 더불어 살기를 원하는 사람들이 있는 한 컬렉티브하우스는 사라지지 않을 것이다.

실버타운과 컬렉티브하우스의 사이, 새로운 가능성

유럽과 달리 복지, 주거 분야에서도 시장 경제가 강한 한국이나 일본에서 공동체 주택의 양적인 확산은 현실적으로 기대하기 어렵지만 그럼에도 이번 견학에서 우리는 중요한 사실을 발견했다. 커뮤니티의 활력을 잃은 컬렉티브하우스와는 대조적으로 유료노인홈, 서고주와 같은 고령자 주택들은 교류를 강화하는 방향으로 변화하고 있다는 점이다. 그들은 공급자가 주도하는 과거의 단순한 주거 서비스에서 벗어나 입주자 커뮤니티를 활성화하기 위해 다양한 노력을 하고 있다. 한국의 아파트도 요즘 커뮤니티 서비스 경쟁에 불이 붙었다. 공동체성의 상품화라는 비난도 있지만 고령자 주거에서 공동체 활성화가 얼마나 중요한지 이제 기업들도 알게 된 것이라고 할 수 있다.

　여기서 잠시 진지하게 비교해 보자. 한쪽에는 모든 것이 잘 갖추어진 실버타운이 있다. 전문 인력이 돌봐 주고 식사와 건강 관리도 세심하게 해 준다. 그러나 그만큼 이용료가 비싸고 그곳에서의 '내 삶'은 시설의 규칙에 맞춰지기 쉽다. 또 다른 한쪽에는 사람들이 어울려 사는 공동체 주택이 있다. 이웃이 되어 서로를 도우며 함께 살아가는 삶이 아름답다. 하지만 낯선 사람들과의 일상, 책임과 역할의 분담, 인간관계에 쏟아야 하는 에너지 등은 생각보다 '피곤한' 요소다.

　이러한 두 가지의 극단적인 모습 사이에서 '조금은 불편해도 괜찮은, 그러나 내가 주체가 되는 노후 주거는 없을까?'라는 궁금증이 생긴다. 요즘은 '사람이 모이는 것' 자체가 비즈니스가 되는 시대다. 좋은 이웃과 만나 함께 먹고 마시며 취향을 나누고 가벼운 돌봄을 주고받는 일상이 이루어지는 주거 비즈니스가 가능하지 않을까? 개인주의가 되었다고 하지만 서울에서 꽤 높은 비용에도 불구하고 '코리빙 하우스'와 같은 공유 주거가 젊은 층에게 인기를 얻는 모습을 보면 가능성이 있다는 생각이 든다.

　일반적으로 사업은 고객과 공급자의 1:1 관계로 이루어진다. 이때 고객들이 서로 연결되는 것이 사업자에게는 때로 불편한 일이 되기도 한다. 그래서 대부분은 "저희가 다 알아서 해 드릴게요. 고객님은 편하게 누리세요"라고 말한다. 물론 일방적인 서비스 제공을 선호하는 사람들도 있지만 가끔은 소비만으로는 채워지지 않는 공허함이 생기기도 한다.

　그러한 공허함을 채우는 것이 바로 커뮤니티의 힘이다. 앞으로는 고객 간의 관계, 즉 커뮤니티를 어떻게 설계하느냐가 새로운 비즈니스의 열쇠가 될 것이다. 일방적인 서비스 제공 대신에 입주자들이 스스로 관계를 만들고 생활을 만들어 갈 수 있도록 돕는 역할이 필요하다. 시작은 낯설고 어색할지 몰라도 그 안에서 예상치 못한 즐거움과 경제적인 가치, 변화의 가능성이 피어날 수 있다. 사업자는 운영 비용이 줄어 적정 가격에 서비스를 제공할 수 있고 커뮤니티 운영은 쉽게 복제되지 않아 지속 가능한 경쟁력이 된다. 거주자는 부담 가능한 비용으로 다른 곳에서는 경험할 수 없는 자기 주도적인 삶과 관계의 풍요로움을 얻는다.

불편한 편의점 같은 고령자 주택

이번에 일본에서 본 몇몇 사례는 이런 상상이 실제로 구현되고 있음을 보여 주었다. '이게 정말 가능한가?' 싶을 정도로 느슨하고 비형식적이었지만 그 안에서 사람들은 서로를 돌보며 자기 주도적인 노년을 살아가고 있었다. 그들은 당당하게 말한다. "우리는 알아서 다 해 주지 않아요. 조금 불편하거나 위험할 수도 있어요. 하지만, 여기에는 나답게 사는 기쁨이 있어요"라고.

노벨 경제학상 수상자 리처드 세일러의 '넛지(nudge)' 이론에 따르면 너무 쉽게 모든 것을 제공하는 것보다 약간의 선택과 판단이 필요한 구조가 더 나은 행동을 유도한다고 한다. 공동체에서의 역할, 약간의 갈등, 타인과의 상호 작용이 스트레스 요인이 되기도 하지만 그와 동시에 정신 건강에 긍정적인 자극이 되기도 한다는 뜻이다. 감당할 수 있는 불편은 고통이 아니라 자극과 성장의 기회가 될 수 있다. 특히 노년기에는 지나

친 편안함이 오히려 신체적, 인지적, 정서적 위축으로 이어질 수 있다는 점에서 '적당한 불편'은 삶을 생동감 있게 만드는 중요한 요소다.

이제는 고령자 주거의 새로운 모델이 필요하다. 실버타운의 편리와 공동체 주택의 따뜻함 사이, 조금 불편하지만 사람의 온기가 있고 내 삶의 주인이 되는 '커먼즈형 주거'. 누가 이런 공간을 기획하고 운영할 수 있을까? 누가 이 불편함을 기꺼이 선택하게 만들 수 있을까?

공동체를 판다는 것은, 결국 사람의 가능성을 믿는다는 뜻이다.

(필자: 김수동)

'따로 또 같이' 생활에서 찾은 주거의 희망

김수동

탄탄주택협동조합 이사장

공동체 주택 '여백' 입주자

얼핏 보면 한국에서 집이란 온통 아파트뿐이고 나머지 집들은 그저 아파트로 가기 위한 여정에 잠시 머무는 집같이 보인다. 영혼까지 끌어다 투자해서라도 아파트를 사 놓으면 돈이 된다고 하고 연일 부동산 시장의 안정만을 강조하니 사람은 간 곳 없고 집값만 보이는 것이 슬픈 현실이다. 많은 사람들이 욕망의 대상으로 집을 품게 되면서 다른 한편의 사람들에게는 집이 포기와 절망을 상징하는 언어가 되었다.

한국 사회에서 세입자로 산다는 것

한국 사회에서 세입자로 산다는 것은 삶 전반에 걸친 불안과 불안정 속에 놓이는 일이다. 대부분의 전월세 계약이 2년 단위로 이루어지기 때문에 언제든 계약이 종료되거나 임대인 요구로 이사를 해야 할지도 모른다는 불안감을 느낀다. 게다가 이사에는 큰 비용과 정서적 소모, 생활 기반의 변화가 뒤따르기 때문에 반복적인 이사는 세입자의 삶을 위협한다.

높은 전세금과 월세는 소득의 상당 부분을 잠식해 주거비 부담이 경제적 안정은 물론 다른 삶의 영역까지 위축시키곤 한다. 열악한 물리적 환경에 놓여 있는 세입자는 건강과 안전을 위협받아 집이 삶의 기반이 아닌 생존을 위한 공간으로 전락한다. 임대인과 임차인 간의 권력 불균형 속에서 세입자는 계약 과정부터 거주 중의 여러 문제에 이르기까지 '을'의 위치에 머물러 권리와 요구를 제대로 표현하거나 보장받기 어려운 상황에 놓인다.

이러한 주거의 불안정성은 지역사회에 뿌리내리고 이웃과 관계를 맺는 일마저 어렵게 만든다. 세입자에게는 '살고 있는 집'이 곧 '언제든 떠나야 할 곳'으로 인식되기 때문이다. 결국 한국 사회에서 세입자로 살아간다는 것은 주거권, 건강권, 인간관계를 맺을 권리까지 위협받는, 구조적인 불안의 연속인 셈이다.

집에 대한 욕망과 절망 사이에서 찾은 희망

여기 돈이 아닌 '사람을 품는 집', 시장이 아닌 '시민을 위한 집'이 있다. 그 집은 다양한 이름으로 불린다. 각자도생이 아니라 더불어 사는 '공동체 주택', 시세 대비 저렴한 임대료로 오랫동안 안심하고 살 수 있는 '사회주택', 사적 소유가 아니라 공동으로 소유하고 민주적으로 주거 문제를 해결하는 '협동조합주택'이 바로 그 주인공들이다. 이들은 모두 시장

'나답게' 늙어갈 수 있는 집

이 아닌 시민 당사자가 주도하거나 공공과 협력하여 만드는 '비영리주택'
이라는 공통점이 있다.

'비영리주택'이란 주택을 투기나 투자의 대상이 아닌 안정적인 삶을 위
한 공간으로 제공하는 것을 목적으로 하며 실제 건설비를 기반으로 가격
이 결정되기 때문에 주변 시세보다 분양가, 임대료가 저렴한 경우가 많
다. 아파트처럼 개별 세대를 개인이 등기 소유하는 것이 아니라 '협동조
합'이라는 법인이 소유하고 조합원은 지분(출자금)을 소유함으로써 특
정 세대에 거주할 권리를 갖는 형태이다. 일반 아파트, 주택처럼 부동산
을 이용해 이익을 얻기는 어렵지만 저렴한 가격에 안정적으로 계속 거주
할 수 있다는 장점이 있다. 욕망을 조금만 내려놓고 다양한 방법을 모색
한다면 '내 집'을 포기하거나 절망하지 않고 집과 주거에 대한 희망을 찾
을 수 있다.

든든한 이웃 덕분에 용감해지고 행복해지는 집 '여백'

"이렇게 혼자 오래 살 줄 몰랐어"

2014년 어느 날 어머니 친구분의 말이 나를 공동체 주택, 사회주택 활
동가의 길로 이끌었다. 삶의 전환을 모색하던 시기, 공동체 주택(코하우
징)이 노후의 사회적 고립을 예방하고 함께 사는 즐거움을 누리며 서로
를 돌보는 협력적 주거의 공간이 될 수 있다는 생각에 2015년 초 서울 은
평 지역 공동체 주택 준비 모임에 참여했다. 그리고 어느덧 많은 시간이

흘러 현재, 그 선택이 내 삶에 가져다준 깊이와 풍요로움에 감사하며 여백에서 10년째 살아가고 있다.

은퇴 이후의 삶, 그리고 그 삶을 지탱할 '집'에 대한 고민은 나뿐만 아니라 모든 중장년의 화두일 것이다. 홀로 남겨질지도 모른다는 막연한 불안감, 그리고 아파트와 같은 획일적인 주거 형태에서 벗어나 사람들과 더불어 살고 싶다는 갈증이 나를 공동체 주택으로 이끌었다. 2015년, 은평 지역 공동체 주택 준비 모임에 대한 소식을 듣고 참여했던 순간은 내 삶의 중요한 전환점이 되었다. 각자 다른 배경을 가졌지만 '함께'라는 공통된 가치를 꿈꾸는 10가구가 모여 서로의 여백을 채우는 집 짓기가 시작되었다.

그 과정이 순탄하지만은 않았다. 각자의 주거 철학과 필요를 조율하고 재정적인 부분과 건축 방향에 대해 수많은 논의를 했다. 때로는 이견으로 인해 어려움을 겪기도 했지만 결국 우리는 '따로 또 같이'를 지향하는 느슨한 연대라는 '여백'의 핵심 가치를 중심으로 합의점을 찾아 나갔다. 마침내 2016년 8월에 '여백'이 완공되고 입주한 순간은 꿈이 현실이 되는 순간이 왔다. 우리는 이제 진짜 이웃이 된 것이다. 함께 밥을 먹고 차를 마시고 텃밭을 가꾸고 아이들을 돌보며, 때로는 시시콜콜한 일상사를 나누는 과정을 거쳐 이제는 제법 탄탄한 주거 공동체가 되었다.

위아래, 옆집에 낯선 타인이 아닌 이웃이 있다는 안도감, 예상치 못한 어려움에 부닥쳤을 때 따뜻한 위로와 실질적인 도움을 주는 손길, 함께 나누는 음식과 웃음소리, '여백'에서의 10년은 이처럼 작지만 소중한 것들로 가득했다. 개인주의가 만연한 시대에 잊고 지냈던 '정'과 '이웃'의 가

'나답게' 늙어갈 수 있는 집

치를 다시금 깨닫게 해 주었다.

물론 공동체 주택 생활이 항상 장밋빛만은 아니다. 서로 다른 삶의 방식과 가치관 속에서 갈등이 생기기도 한다. 하지만 우리는 이러한 갈등을 회피하지 않고 대화를 통해 해결하면서 서로를 이해하고 존중하는 법을 배웠다. 이러한 과정은 '여백'이라는 공동체를 더욱 단단하게 만들었을 뿐만 아니라 나 자신을 한층 더 성장시키는 계기가 되었다.

지난 10년 동안 '여백'은 많은 변화를 겪었다. 아직 가구 변동은 없지만 아이들이 자라 청년이 되었고 성인이 된 청년들이 독립해서 떠나기도 했다. 하지만 '따로 또 같이'라는 '여백'의 핵심 가치는 변함없이 유지되고 있다. 앞으로도 우리는 이 가치를 중심으로 공동체의 활력을 유지하고 발전시켜 나갈 생각이다. '여백'이 단순히 우리들만의 공간을 넘어, 건강한 공동체 모델을 고민하는 이들에게 희망을 주는 존재가 되었으면 좋겠다. 사회적 고립, 주거 불안정 등 현대 사회의 문제에 대한 작은 해답을 제시하며, 우리가 쌓아 온 경험과 지혜를 더 많은 이들과 나눌 수 있기를 기대한다.

찾아보면 의외로 많은 공동체 주택

주택의 총량 차원에서는 아직 미미하지만 여백과 같은 코하우징 형태의 공동체 주택은 꾸준히 늘어나고 있다. 이미 우리나라에도 꽤 다양한 공동체 주택이 있다. 공통의 목적과 관심사를 가진 사람들이 모여 느슨하지만 탄탄한 연대를 지향하면서 '따로 또 같이' 사는 마을과 집이다.

공동체 구성원 간의 관계는 무척 조심스럽다. 그래서 조금 느슨한 관계로 시작하는 것이 안전하다. 하지만 이미 오랜 시간 관계를 잘 익혀 온 신앙 기반의 공동체는 사뭇 다르다. 도봉구 안골의 '오늘 공동체', 서대문구 가재울의 '하.나.의.공동체'가 대표적인 예이다. 한국의 현재 모습을 종종 '고립의 시대', '1인 가구 사회'라고 말하지만 그들은 오히려 혈연의 가족을 뛰어넘어 큰 품의 사회적 가족을 이루어 살고 있다. 그들은 믿음을 교회 안에 가두지 않고 삶으로 실천하며 지역사회와 함께하고 있다. 그들이 믿음을 삶으로 실천하기 위해 지은 집이 바로 오늘공동체의 은공 1호, 은공2호, 하.나.의.공동체의 하심재, 하의재, 하담재다. 이곳에 가면 아이들이 노는 소리가 그치지 않는다. 돌보고 가르치고 일하고 어울리고 무엇을 하든 공동체가 든든하게 받쳐 주니 걱정이 없다. 저 하늘이 아닌 지금 여기 이 땅에서 이룬 천국의 모습이 궁금하면 여기에 가 보자.

도심 속 마을 공동체의 원조인 마포 '성미산 마을'도 있다. 성미산 마을은 공동육아 협동조합에서 육아를 공유하고 대안 학교인 성미산 학교에서 초·중·고등학교 교육을 받을 수 있다. 생협을 통해 식음료 먹거리를 공유·판매하는 이곳에서는 '모아'라는 공동체 화폐를 사용한다. 카페, 식당, 극장, 방과 후 어린이집 등 공동체에 필요한 것은 무엇이든 직접 만든다. 주민이 주인인 마을 공화국인 셈이다.

일, 놀이, 배움, 주거, 무엇이든 함께하면 윤택해진다는 인천 검암동의 우동사(우리동네사람들), 생태와 영성을 중심으로 농촌(홍천)과 도시(서울 강북구 인수동)를 잇는 밝은누리공동체, 발달장애인들이 비장애인과 마을에서 일과 생활을 함께하며 살아가는 대구 안심마을 등 지역사회와 연계하며 이웃과 더불어 사는 마을 공동체들도 찾아보면 구석구석에 꽤 많다.

혼자 살지 않는 솔로들

이제 한국 사회에서 결혼은 선택이 되었고 비혼 인구는 빠르게 늘고 있다. 비혼은 당연히 혼자 살 것이라고 생각한다면 그것이야말로 당신의 착각이다. 여러 지역에 비혼들의 생활공동체가 있다. 혼자 살기를 원치 않는 솔로들이 다양한 형태로 삶과 주거를 공유하며 살고 있다. 결혼이 아니어도 가족을 이루고 사는 사람들이 있다. 대표적인 예로 전주의 비혼여성생활공동체 '비비', 서울의 여성안심공동체 주택 '달리', 비혼지향생활공동체 '공덕동하우스' 등이 있다.

여주시에 있는 '노루목향기'는 여성 노인 1인 가구 셋이 모여 단독주택을 지어 살며 새로운 사회적 가족 공동체를 이루었다. 그들은 각자의 독립된 방에서 사생활을 유지하고 거실과 주방 등 공유 공간에서는 함께 식사하고 대화하며 어울려 산다. 생활비를 공동으로 관리하고 가사 노동을 분담하며 서로의 건강을 챙기는 과정 자체가 곧 일상이자 돌봄이 된다. 이는 별도의 돌봄 인력이나 서비스에 의존하기보다, 동료 노인 간의 수평적인 관계와 상호부조를 통해 존엄한 노년을 만들어 가는 자발적인 돌봄 모델이라는 점에서 큰 의미가 있다. 외로울 틈 없이 활기찬 노년을 사는 그들이 늘 하는 말이 있다. 닥치고 실행!

아파트공동체? 그게 가능하다고?

남양주 별내와 고양시 지축에는 500세대 규모의 조금 이상한 아파트가 있다. 공유 부엌, 카페, 도서관, 체육관, 어린이집 등 온갖 공유 공간들이 갖추어져 있고 주민들의 자발적 동호회가 100여 개에 달한다고 한다. 아파트 운영과 관리도 주민들이 협동조합을 만들어 직접 한다고 하니 주민이 진정한 주인인 공동체 아파트이다. 아파트에 욕망을 담을지, 공동체를 담을 것인지는 사람이 결정하는 것이다. 아파트라서 나쁜 것이 아니다. 아파트는 죄가 없다.

참고로, 조금 더 자세한 과정과 현실 이야기를 알고 싶다면 30대 부부와 그들의 친구가 함께 강화도에 집을 짓고 사는 이야기를 담은 책『셋이서 집 짓고 삽니다만』을 추천한다. 이 책은 밀레니얼 세대의 새로운 가족 형태에 대한 실험 보고서라고 할 수 있다. 대학 선후배 사이인 '부추'와 '우엉', 그리고 부부인 '돌김'과 '부추'로 구성된 이들은 사회가 규정한 가족의 틀에서 벗어나 함께 삶을 공유하며 살아가고 있다. 김하나, 황선우 작가의『여자 둘이 살고 있습니다』또한 빼놓을 수 없다. 이 책은 비혼 1인 가구 여자 둘이 함께 공유 주거를 실천하면서 겪는 일들을 유쾌하고 솔직하게 담아낸 에세이다.

두 개의 집, 당신의 선택은?

여기, 당신의 앞에 두 개의 집이 놓여 있다.

'나답게' 늙어갈 수 있는 집 ❶

돈을 품는 집과 사람을 품는 집. 시장을 위한 집과 시민을 위한 집. 소유를 쌓는 집과 이야기가 쌓이는 집. 문을 닫고 사는 집과 마음을 열고 사는 집. 부동산 자산으로서의 집과 공동체의 집. 혼자 사는 집과 더불어 사는 집. 빚내어 사는 집과 빛이 나는 집.

당신은 어디에 살고 싶나요?

4장

인생의 마지막까지
나답게

나답게 살고 나답게 떠난다는 것

나이 듦이란 단순히 세월이 흐르고 시간이 쌓이는 것이 아니다. 그보다는 시간이라는 결이 켜켜이 덧입혀져 몸과 마음에 스며드는 일이다. 살아오며 익숙해진 것들 — 나의 말투, 걸음걸이, 나만의 방식과 취향 —이 점점 뚜렷해지고 그것들이 거부당하지 않고 존중받기를 바라는 것은 자연스러운 흐름이다.

사람들은 흔히 나이가 들면 고집스러워진다고 말한다. 그것은 오랜 시간 삶 속에 스며든 '익숙함'이 주는 안정감 때문일 것이다. 오랜 시간 동안 이어져 온 익숙함은 바로 '나다움'이고 나이가 든다는 것은 '나다움'이 축적되어 자신 안에 뿌리내리는 시간이다. 노인의 고집이란, 마치 긴 여행을 마치고 집에 돌아와 자신에게 익숙한 베개와 이불 속에서 비로소 편안함을 느끼는 것처럼 익숙함을 유지하고 싶어 하는 마음이 아닐까.

결국 나이가 든다는 것은 점점 더 '나다운 나'를 찾아가는 과정이고 노후의 시간은 '나다운 모습'으로 살아가고 싶은 바람이 커지는 시기이기도 하다. 그리고 그러한 바람은 단지 욕심이 아니라 존엄한 인생을 추구하는 지극히 자연스러운 마음이다. 그래서 노인은 보호받기 이전에 먼저 존중받아야 한다. 오랜 시간 쌓아 온 삶의 방식과 고유한 결을 이해하고 받아들이는 태도 속에서 우리는 나이 듦을 품위 있게 받아들일 수 있다.

무언가 포기해야 할 것만 같은 '노인'이라는 말

그럼에도 우리는 여전히 '노인'이라는 말 앞에서 무언가를 포기해야 할 것처럼 여긴다. 낡은 습관처럼 따라붙는 단어들이 있다. 보호, 요양, 돌봄, 시설 등 능동적인 주체가 아닌, 누군가에게 맡겨진 수동적 존재로서 나다움을 포기한 이미지만이 강조된다. 물리적인 힘이 점점 약해질수록 우리는 안전을 이유로 자신의 삶을 제한하는 것을 당연하게 받아들인다. 넘어질까 봐 걷는 것을 줄이고 혹시라도 다칠까 봐 좋아하던 취미를 접는다. 이제는 더 이상 혼자 외출하지 말라는 가족의 말에 고개를 끄덕이며 자연스럽게 진정한 나의 모습을 뒤로 물린다.

그러나 이제는 달라져야 한다. 나이 든다는 것은 '나다움'이 오히려 더 단단해지는 시간이다. 타인의 시선을 두려워하며 사회에 맞춰 나를 바꾸는 것보다 자신의 내면에 집중해 차분하게 들여다보고 다듬을 수 있는 여유와 성숙함이 있기 때문이다. 그래서 우리는 질문해야 한다. 과연 지금의 노인 주거는 노인의 삶을 끝까지 '나답게' 살아갈 수 있는 공간이 되고 있는가?

지금까지의 노인 주거는 많은 경우 '안전'과 '편의'라는 이름 아래 개인의 삶을 획일화하려는 경향이 있었다. 공동 프로그램, 정해진 식사 시간, 규칙적인 생활 리듬은 분명 필요하지만 그것이 모두에게 같은 방식으로 강요되면 사람들은 '생활자'로서 자신의 정체성을 잃기 쉽다. 누구도 강요하지 않았지만 '나이 들면 그래야 한다'라는 사회적 통념이 우리를 조용히 밀어낸다. 우리는 자신도 모르는 사이에 조용히, 그러나 확실하게

'나다움'을 포기하도록 길들여지고 있다.

삶의 일부인 죽음의 모습도 스스로 결정하도록

하지만 모든 사람이 그렇듯이 노인도 결국 현재를 '살고 있는 사람'이다. 어제를 기억하며 오늘을 살아가는 한 명의 생활인이다. 여전히 배우고 즐기고 선택하며 존재하고자 하는 인간이다. 지역사회와의 연결 속에서, 그리고 다양한 세대와의 자연스러운 교류 속에서 자신의 정체성을 지키며 여전히 '살고 있는 사람'으로 인정받아야 한다. 고립이 아닌 교류, 수동이 아닌 자율, 집단이 아닌 개인의 고유함이 우선되는 주거 환경에서 삶을 지속할 수 있어야 한다.

이를 위해 노인의 주거는 단순히 잠을 자고 식사를 하고 안전하게 돌봄을 받는 공간 이상이 되어야 한다. 그곳은 단지 머무는 곳이 아니라 한 사람의 삶을 끝까지 지탱해 주는 터전이어야 하기 때문이다. 때로는 조용하고 차분하게 인생의 막을 내리는 마지막 무대가 되기도 하지만 그렇다고 해서 생이 멈춘 자리가 되면 안 된다. 여전히 마음이 움직이고 생각이 피어나고 작은 기쁨이 살아 숨 쉬는 '생활의 공간'이어야 한다.

그러니까 그곳은 죽음을 기다리는 곳이 아니라, 끝까지 '살아가는' 곳이어야 한다. 또한 이 공간 안에서는 무엇이든 스스로 선택할 수 있어야 한다. 무엇을 먹을지, 누구와 함께할지, 어떤 방식으로 하루를 보낼지, 그리고 더 나아가 삶을 어떻게 정리할 것인지까지도.

죽음 역시 삶의 일부라면, 우리는 그 마지막도 '나답게' 맞이할 수 있어

   '나답게' 늙어갈 수 있는 집 🏠

야 한다. 4장에서는 그러한 공간의 가능성을 함께 상상하고 현실 속에서 만들어 가는 여정을 생각해 보려 한다. 노인의 주거를 단지 관리나 케어의 대상으로만 보지 않고 한 사람의 삶이 끝까지 존중되는 터전으로 바라보는 따뜻한 시선이 필요하다.

(필자: 김정근)

자유가 가득한 '긴모쿠세이-우라야스(金木犀-浦安)'

약간 위험해도 괜찮아, 우리도 성인이거든

　도쿄에서 조금 벗어난 지바현 우라야스시. 한적한 주택가를 걷다 보니 한편에 자리한 3층짜리 건물이 눈에 띄었다. 이름은 좋은 향이 난다고 알려진 물푸레나무과의 떨기나무 '긴모쿠세이(금목서)'. 이름만 들어서는 노인 주거시설이라는 생각이 들지 않는 건물의 앞에는 지나가는 누구나 잠시 앉고 싶을 만큼 정겨운 의자와 정성스럽게 꾸민 조경이 있어 사람들의 눈길을 끌었다.

주택가 한가운데 위치해 지역사회와 밀접하게 교류할 수 있는 긴모쿠세이

'나답게' 늙어갈 수 있는 집 🏠

　1층으로 들어서자 따뜻한 나무 향이 퍼졌다. 바닥에는 편백나무가 깔려 있었고 북유럽풍의 공용 공간에는 부드러운 조명, 원목 책상과 의자, 관엽 식물들이 어우러져 있었다. 식사를 만드는 '모두의 주방'과는 별도로, 입주민과 직원들이 함께 차를 마시고 담소를 나누는 공간도 마련돼 있었다. 단, 이곳에는 TV가 없었다. TV를 보다 보면 자연스럽게 활동량이 줄고 건강을 해칠 수 있다는 생각 때문이다.

마지막까지 스스로 자신을 돌보는 삶

　우리가 방문했을 때는 평균 80대 중반의 입주자 40여 명이 살고 있었고 이 중 대부분은 치매를 앓고 있었다. 하지만 분위기는 일반적인 요양 시설과 전혀 달랐다. 우선 현관문이 잠겨 있지 않았다. 그리고 가능한 일은 직접 하도록 격려해, 누군가는 세탁을 하고 또 누군가는 밥을 나르며 스스로 자신의 삶을 돌보고 있었다.

　건물 1층에는 동네 아이들과 주민들이 오가는 작은 전통 과자 가게 '다가시야(駄菓子屋)'가 있었고 그곳에서 치매가 있는 노인들이 번갈아 가며 아이들에게 과자를 팔고 있었다.

　그 모습은 충격이자 한편으로는 감동이기도 했다. 치매가 생겨도 '돌봄을 받는 사람'이 아니라 여전히 지

건물 입구에 있는 과자 가게는 동네 아이들의 놀이터이자 입주 노인들의 일하는 공간이다.

역사회에서 '살아가는 사람'으로 존재하고, 아이들과 일상적으로 교류하며 지역의 구성원으로서 생활하고 있는 노인의 모습. 긴모쿠세이는 그렇게 사람과 사람을 연결하고 '삶의 주인으로 나이 드는 것'이 어떤 의미인지 보여 주는 곳이었다. 노후란 단순히 돌봄을 받는 시간이 아니라 마지막까지 나답게 살아가는 시간이어야 한다는 원칙을 실천해 생각만 했던 가능성을 조용하지만 분명하게 증명해 보이고 있었다.

가장 인상적이었던 것은 평소 생활뿐 아니라 삶의 마지막 순간까지 본인의 선택을 존중하는 모습이었다. 우리를 안내한 직원이 보여 준 비디오의 한 장면이 아직도 눈에 선하다. 임종을 앞둔 어느 노인의 마지막 순간, 그가 손에 쥔 것은 산소호흡기가 아닌 담배 한 개비였다. 병원이라면 절대 허락되지 않았을 담배 한 모금. 긴모쿠세이의 직원과 그 노인의 가족들은 조용히 창문을 열고 옆에 앉아 그와 함께 숨을 가다듬었다. 노인은 깊게, 그리고 매우 천천히 담배 연기를 내뿜으며 눈을 감았다. "위험하지 않나요?"라는 우리들의 질문에 직원은 말했다. "그분에게는 담배가 삶의 일부였어요. 죽음을 앞두고도 삶의 방식을 선택할 권리는 있죠. 우리 모두 성인이잖아요."

치매 노인의 외출 "배회가 아닌 산책"

긴모쿠세이의 철학은 명확했다. 노인은 보호받아야 할 대상이 아니라 여전히 자신의 삶을 선택할 수 있는 존재라는 것. 이곳의 운영은 '안전'만을 최우선으로 하지 않는다. 물론 최소한의 보호는 유지하지만 그 보호

'나답게' 늙어갈 수 있는 집 ❶

가 '삶의 주도권'을 침해하지 않도록 끝까지 고민하고 입주자가 스스로 선택하는 자유를 다른 무엇보다 중시한다. '자신이 원하면 술도 마시고 좋아하는 음식을 먹어도 된다'는 원칙 아래, 주치의나 가족과 상의하여 마지막까지 본인의 의지를 적극 반영한 삶을 살아갈 수 있도록 한다. 위험하지 않도록 모두를 통제하는 대신, 리스크를 설명하고 '자신의 삶을 스스로 선택할 권리'를 존중하고 있었다.

긴모쿠세이의 철학은 '약간 위험해도 괜찮다'는 전제에서 출발한다. 위험을 완전히 차단하려는 시도는 결국 삶의 중요한 숨결까지 제거해 버리게 된다. 그래서 이곳에서는 통제를 이야기하는 대신 다음과 같은 질문을 하며 고민한다.

"이 선택은 이 사람에게 어떤 의미가 있을까?"
"이 결정은 이 사람이 자기 삶을 주체적으로 받아들이는 데 도움
이 될까?"

이러한 생각은 치매 노인의 배회에 대한 대응에서도 알 수 있었다. 새로 입주한 치매 노인이 자꾸만 건물 밖으로 나가려 했다. "여긴 내 집이 아니야. 집에 가야 해"라고 거듭 말하며 문을 열고 밖으로 나갔다. 다른 고령자 시설이라면 경보가 울리고 직원들이 제지했거나 출입문을 자물쇠로 잠가 안전이라는 미명하에 자유를 가두었을 것이다. 그러나 긴모쿠세이의 대응은 달랐다. 직원이 조용히 나와 그의 뒤를 따라 걸었다.

"제가 곁에 있을게요. 마음껏 가고 싶은 곳으로 가 보세요."

어르신은 이 골목 저 골목을 배회하다 결국 발길을 멈추고 어디로 가야 할지 모르겠다는 눈빛으로 바라보았다. 그제야 직원은 말했다. "돌아가요. 따뜻한 차가 기다리고 있어요"라고. 이러한 상황은 몇 번이고 반복된다. 수많은 반복 끝에 어르신은 결국 긴모쿠세이로 돌아오는 것을 '스스로' 선택하게 되었다. '이곳이 나의 집'이라는 감각은 그렇게, 느리지만 스스로 결정하는 과정을 통해 형성된다. 강제로 가두는 것이 아니라 기다림 속에서 스스로 받아들이게 한다. 시설 담당자는 이에 대해 "세상 사람들은 치매 고령자가 나가면 '배회'라고 하지만 이곳에서는 '산책'이라고 말합니다"라고 설명했다.

기다림과 존중이 '좋은 돌봄'의 핵심

긴모쿠세이는 단순한 주거 공간이 아니었다. 이곳은 자유와 책임, 그리고 타인과의 연결 속에서 자신을 회복해 나가는 '작은 공동체'였다. 건축·돌봄·운영이 분리되지 않고 하나의 흐름으로 연결된 곳, 나이가 들어도 일상의 순간이 곧 삶의 품격으로 연결될 수 있도록 하는 곳이었다.

한국의 노인 주거는 아직도 '돌봄'이라는 이름 아래 많은 결정을 대신 내려 주는 구조다. 상대방을 위한다는 뜻이지만 정작 그 안에는 삶의 리듬과 손맛, 스스로 선택할 수 있는 권리가 빠져 있는 경우가 많다. 하지만 이곳에서는 '좋은 돌봄이란 기다림이고 존중'이라는 철학을 실천하고 있었다. 죽음을 앞둔 어르신의 담배 한 모금, 치매가 있는 입주민의 동네 산책 한 바퀴. 사소하게 보일 수도 있지만 그 안에는 "노인도 여전히 자

  '나답게' 늙어갈 수 있는 집 ❶

기 삶의 주인이다. 위험이 따르더라도 선택은 스스로 할 수 있어야 한다"라는 분명한 믿음이 담겨 있다. 철학을 실현하기 위해 건축가와 돌봄 제공자, 운영자가 함께 고민하고 함께 움직이고 있었다.

우리도 이제는 '정말로 안전한 노후란 무엇인가', '몸만 안전한 것이 진정한 보호일까'에 대해 진지하게 생각해 봐야 한다. 삶의 의미와 개인의 행복 추구권을 생각한다면 끝까지 주체적으로 살아갈 수 있도록 '존중하는 기다림'이야말로 진짜 보호가 아닐까? 긴모쿠세이는 섬세한 배려와 진정한 보호를 통해 우리에게

공용 휴게실: 지역 주민들도 사용할 수 있는 이곳에서는 종종 입주 노인들의 술모임이 열리기도 한다.

'나답게 나이 든다는 것'이 무엇인지를 보여 준다. 그리고 그 모습은 우리 한국의 노인 주거가 나아가야 할 길, 주거 안에서 삶의 끝까지 나 자신을 지키는 방법들을 조용히, 그러나 분명하게 말해 주고 있다.

철강업 기반의 건축 회사에서 시작한 곳

긴모쿠세이 우라야스는 2016년 12월 문을 연 '서비스 제공형 고령자주택(서고주)'이다. 운영은 '실버우드(株式会社シルバーウッド)'라는 기업이 맡고 있다. 흥미롭게도 이 회사는 본래 철강업 기반의 건축 회사였다. 대표인 시모가와라 다다미치 씨는 미국에서 스틸 패널 공법을 배우고 일

본으로 돌아와 이를 활용한 주택과 고령자 시설을 짓기 시작했다. 실버우드가 사용한 스틸 패널 공법은 나무 대신 얇은 철판을 활용해 건물을 짓는 방식이다. 이 공법은 기존의 목재 구조보다 더 튼튼하고 비용도 적게 들어 빠르게 늘어나는 고령자 주택 수요에 잘 맞는 건축 방식이었다.

건축이 주된 일이었던 그가 직접 노인 주택을 운영하게 된 것에는 하나의 계기가 있었다. 고령자 주택 건설을 위해 일본의 기존 요양시설들을 견학하던 중 거주 노인들 대부분이 외부와 단절되어 생활하고 때로는 창문 너머로 탈출을 시도하기도 했다는 이야기를 듣게 되었다. "이것이 정말 노인들이 사는 집인가"라는 질문이 마음에 깊이 파고들었다.

그는 '노인도 끝까지 자기답게 살아갈 수 있는 공간'을 만들고자 하와이와 북유럽 등을 돌며 모델을 찾았다. 특히 덴마크의 프라이에보리(Plejehjem)를 보고 큰 영감을 받았다고 한다. 그렇게 해서 탄생한 긴모쿠세이에서는 확고한 원칙을 몇 가지 만들었다. '문을 잠그지 않는다', '입주자의 자율성을 존중한다', 그리고 '관리하지 않고, 함께 살아간다'. 현재 주식회사 실버우드는 긴모쿠세이 우라야스를 포함하여 도쿄와 지바 지역에 12개의 고령자용 주택을 운영하고 있다.

(필자: 김정근)

  '나답게' 늙어갈 수 있는 집

지역 내 거점 역할을 하는 '모리 노 이야시 하우스 분교세키구치(杜の癒しハウス文京関口)'
내가 살던 도시에서 그대로, 이웃들과 함께

한적한 지역의 요양원 말고는 없을까

노후에 어디에서 살지를 고민하다 보면 '언젠가 일상생활에 도움이 필요해지면 결국 살던 곳에서 다른 곳으로 이사해야 하지 않을까'라는 생각으로 이어진다. 익숙했던 집과 동네가 더는 안전하거나 적절하지 않을 수 있기 때문이다. 신체 기능 저하, 인지 장애가 진행되면 각종 사고는 대부분 집 안에서 발생하고 익숙하던 동네조차 낯설어져 집 밖을 나서는 것도 두려워진다. 특히 배우자나 가족 없이 홀로 지내면 심리적 위축과 신체적 위협은 더 커진다.

다양한 이유로 많은 이들이 결국 요양원을 선택하게 되지만 한국이든 일본이든 믿을 수 있고 마음에 드는 곳을 찾기란 결코 쉽지 않다. 요양원 순례를 해야 하고 입소 대기를 걸어야 하며 설령 조건이 맞아도 대부분은 다른 동네로 이사를 해야 한다. 평생을 도시에서 생활해 온 사람은 많은 고령자 시설이 위치한 한적한 외곽 지역으로 가는 것도 부담스럽다.

익숙한 도시 생활을 계속할 수 있는 곳

주택가의 중심에 위치한 건물의 1층은 지역 주민들도
자유롭게 이용할 수 있는 '지역 살롱'으로 운영하고 있다.

도쿄의 중심지에 위치한 '치유의 집, 분쿄세키구치'는 유료노인홈이라
는 이름을 달고 있지만 단순한 실버 타운도 전통적인 요양원도 아닌, 자
립과 돌봄이 공존하는 새로운 가능성을 보여 주는 공간이었다. 일본에
서도 흔치 않게, 자립 생활이 가능한 노인과 돌봄이 필요한 노인이 함께
거주할 수 있도록 설계한 '혼합형 모델'이다. 건강한 노인은 일반적인 주
택 임대 형식으로 빌려주는 방을 계약해 독립적인 생활을 하다가 도움이
필요해지면 같은 건물 내에 있는 유료노인홈에 입주해 돌봄을 받을 수
있다. 신체적 기능 수준에 따라 이용하는 층을 구분해 놓은 이곳의 가장

'나답게' 늙어갈 수 있는 집

큰 매력은 심리적 부담이 적은 '내부 이사'만으로 요양원 입주가 가능하다는 점이다.

내부 견학에서 특히 눈길을 끌었던 공간은 5층에 있는 '자율 돌봄 거실'이었다. 돌봄이 필요하지 않은 노인이 일반 자택처럼 거주하는 층으로, 필요할 때는 아래층으로 이동해 돌봄을 받을 수 있다. 부부 혹은 1인 가구가 입주해 있는 이곳에는 '만약'을 대비해 입주한 사람도 있었다. 시설 담당자는 실제로 시간이 흐르면

건물 5층은 아직 돌봄 서비스가 필요하지 않은 고령자들이 일반 임대 주택으로서 계약을 하고 이용하지만 공용 거실이 있다.

서 신체 기능이 약해지고 돌봄이 필요해져 다른 층으로 옮긴 사례도 있다고 소개했다. 치매 유무나 개호 수준에 따라 층을 나누는 경우는 흔하지만 이처럼 내부에서 돌봄 시설로 이사할 수 있는 경우는 드물다.

기술 도입에도 매우 적극적이어서 태블릿으로 건강과 돌봄 정보를 관리하고 수면 센서, 반려 로봇, 동작 감지 센서 등 다양한 기기를 활용하고 있었다. 돌봄을 위한 IT기술은 앞으로 더 많아질 것이 분명하지만 중요한 건 그것이 현장과 얼마나 조화를 이루고 실제 입주자와 직원의 삶에 도움이 되는가 하는 점이다. 이곳에서는 여러 기술을 시범적으로 도입해 활용하면서 직원들의 업무 부담은 줄이고 입주자들의 안전과 편의성은 높일 방법을 찾고 있었다.

한참 기술 이야기를 듣던 중 한 직원이 견학팀을 부엌 쪽으로 데려갔

다. 그곳엔 90대 중반의 어르신이 식판을 들고 조심스럽게 걸어가고 있었다. 직원이 속삭이듯 말했다. "이분, 입주 당시엔 걷지도 못하셨고 식사도 혼자 못 하셨어요. 그런데 지금은 식판을 받아 자리에 가시고 식사도 스스로 하세요. 오래 걸렸지만 우리가 함께 해낸 거예요." 처음에는 식판을 받는 것부터 시작해 한 걸음씩 더 걸으며 결국 자립하게 된 노인의 모습은 시간뿐만 아니라 이곳의 운영 철학, 돌보는 직원들의 마음이 모두 합쳐진 결과였다.

도시에서 고립을 피하는 방법, 지역 주민과의 교류

도심 속에 고령자 시설을 만들면 건물은 그 안에 있어도 도시 특유의 개인주의로 인해 고립되기 쉽다. 바로 옆집에 누가 사는지도 모르는데 지나는 길에 서 있는 고령자 시설에 누가 사는지 알려고 하는 사람이 있을까. 지역사회 속에서 함께 어울리며 노후를 보내는 모습을 추구했던 분쿄세키구치는 이러한 문제를 피하고자 적극적으로 '지역 거점'의 역할을 자처했다.

지금은 지진 등의 재해가 발생하면 동네 주민들이 모이는 '지역 피난처'로 지정되어 있고 마쓰리(지역 축제)가 열릴 때는 건물을 오픈해 인근 이웃들과 시설에 입주해 있는 노인들이 자연스럽게 함께 어울린다. 피난처로 이용할 수 있도록 서너 명이 함께 들어갈 수 있는 큰 욕조와 욕실을 만드는 등 내부 구조와 운영 방식 전체에서 '지역 교류'를 고려했다.

물론 이렇게 되기까지의 과정이 결코 순탄치는 않았다. 고령자 시설이 피난처로 지정된 사례가 없었기에 직접 지역 행정복지센터를 찾아가 피

'나답게' 늙어갈 수 있는 집 **1**

난처로 제공하겠다고 거듭 제안했
다고 한다. 피난처 지정과 마쓰리의
중심 거점, 지역과의 교류 등을 주도
해 온 운영자는 "몇 년 동안 관공서,
학교, 유치원, 상점들을 일일이 찾아
다녔어요. 그냥 우리 시설을 소개하
고 1층 공유 공간에서 이런저런 재
미난 일을 함께 해 보자고 제안했죠"
라며 노인홈을 지역 교류의 거점으

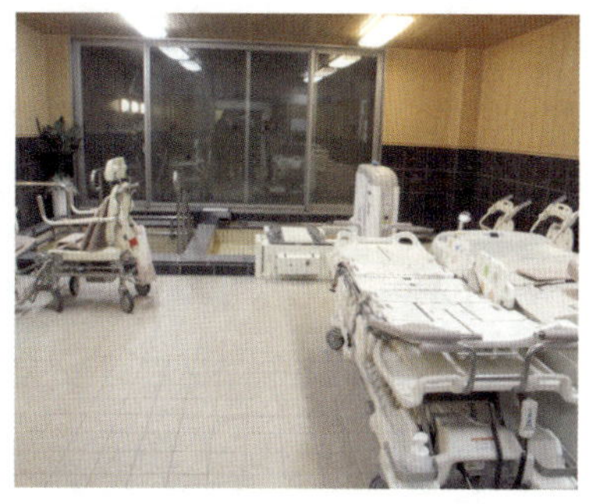

지하 1층에는 지진 등 재해 발생 시 주변
주민들도 함께 이용할 수 있는 공용 목욕탕
겸 피난 대피 시설을 만들었다.

로 만들기 위해 했던 노력, 힘들었던 과정을 털어놓았다.

　현재는 직원 교육에서도 지역사회와의 연계를 중시하고 있다. 시설 업
무와 지역을 충분히 이해할 수 있도록 3년 이상 근무한 직원을 '지역 담
당 전문가'로 지정해 지역사회 활동을 기획하고 실행하도록 한다. 분쿄
세키구치가 보여 주는 지역사회와의 연결은 행정적인 연계가 아니라 '생
활 기반 위에 천천히 쌓은 관계성'이었다. 많은 시간을 들여 마음을 전하
고 하나씩 천천히 관계를 만들어 왔다. 단지 시설이 지역 안에 '존재하는
것'이 아니라 지역의 일부가 되어 '함께 살아가기' 위해서는 무엇을 어떻
게 해야 할지 생각해 보게 만드는 사례다.

정액제 요금과 24시간 돌봄이 주는 안심감

　일본의 전통적 요양원인 '특별양호노인홈(특양)'은 일반적으로 요개호

등급 5단계 중 3단계 이상만 입소할 수 있다. 그 이외의 노인들은 집에서 서비스를 받도록 하거나 유료노인홈, 서비스 제공형 고령자주택(서고주)과 같은 시설로 안내한다. 분쿄세키구치는 그중에서도 '개호 포함 유료노인홈'이지만 정부가 지정한 '특정 시설'에 해당되어 개호 보험을 활용할 수 있고 목욕, 식사, 배설 보조 등 일상생활 지원이 포함된 이용료가 정액제로 책정되어 있다. 고령자와 그 가족들에게 예측 가능한 비용과 24시간 돌봄은 심리적인 부담을 크게 줄여 주는 요소가 된다.

운영 주체인 산코 그룹은 의료·사회복지 분야의 인재를 육성하는 교육 재단으로서 비영리법인 '삼행 복지회'를 설립해 이곳을 운영 중이다. 유료노인홈은 특양에 비해 제도와 규제가 유연해 운영 주체에 따라 성격이 크게 달라지는데 삼행 복지회는 높은 수익보다는 공익과 지속 가능성, 중산층 고령자를 위한 안정적 모델을 지향한다. 교육 재단 산하이기에 심각한 인력난 속에서도 안정적으로 직원을 확보할 수 있다는 장점이 있다. 재단에서 운영하는 복지 분야 전문학교의 학생들을 활용할 수 있기 때문이다.

삶의 마지막까지 머무를 수 없다면 불안은 가중

우리 견학팀은 방문한 모든 곳에서 "이곳에 입주하면 죽을 때까지 여기에 머물 수 있나?"라는 질문을 했다. 어떤 곳은 요개호 등급이 높아지면, 즉 일정 정도 이상 신체 기능이 떨어지면 퇴소해야 하고 어떤 곳은 임종 서비스를 제공하지 않기 때문이었다. 아무리 마음에 들어도 '죽을

'때까지' 살 수 없다면 시설에 입주한 후 오히려 미래에 대해 더 큰 불안을 안고 살게 된다.

일본을 방문하기 전에 읽었던 수많은 일본 고령자 관련 자료 중에서 가장 인상 깊었던 것은 사회학자 우에노 치즈코 씨가 쓴『집에서 혼자 죽기를 권하다』라는 책이었다. 그녀의 글을 읽으며 일본은 이제 '고독사'가 아닌 누군가의 보살핌을 받으며 집에서 죽음을 맞이하는 '재택사'로 전환되고 있다고 느꼈다. 일본은 재택 개호와 간병, 방문 의료 제도가 촘촘하게 갖춰져 이제 '집에서 혼자 죽는 삶'이 가능하다.

하지만 '집에서 혼자'를 진심으로 원하는 사람은 혼자 사는 것을 선호하는 극히 일부뿐 아닐까. 여전히 많은 사람들은 삶의 마지막에 누군가의 손을 잡고 눈을 마주하기를 원한다. 분쿄세키구치는 그런 사람들에게 좋은 선택지 중 하나이다. 건강할 때 들어와 자유롭게 생활하다가 몸이 약해져 요양 등급을 받으면 같은 건물 내에 있는 돌봄 시설에 입주하고 마지막에는 임종까지 맞이할 수 있기 때문이다. 이곳의 운영진은 고령자가 자택에서 마지막을 보내기에는 아직 현실적인 한계가 있다고 말했다. 1인 가구 증가, 방문 개호의 한계, 자녀 수 감소, 고독사 가능성과 심리적 불안 등을 고려하면 "우리와 같은 시설이 '인생의 마지막 집'으로서 더 좋을 수 있다"고 강조했다.

개인적으로 종종 '나도 고독사 통계에 포함될지 모른다'라는 생각을 한다. 나이가 들어 인지 능력에 문제가 생기면 치매와 함께 혼자서 어떻게 살아갈지, 얼마나 오래 혼자 살아야 할지 걱정이 된다. 특히 치매가 진행되면 '재택사'는 현실적으로 거의 불가능하다. 그래서 시간이 갈수록 '함께 사는 공동체'를 상상하곤 했다. 분쿄세키구치를 둘러보며 문득 '이 건물 5층에서 혼자 살다가 아래층으로 옮겨 돌봄을 받고 혹시 치매가 생기면 더 많은 지원을 받으며 지내다가 이곳에서 삶의 끝을 맞이하면 그것도 결국 '재택사'가 아닐까?'라는 생각이 들었다.

(필자: 박소정)

'나답게' 늙어갈 수 있는 집

다국적 돌봄 시설로 변화한 '후루사토 노 이에(故鄉の家)'
거지대장 아들이 만든 재일 동포의 '고향의 집'

점점 늘어나는 외국인 고령자

최근 한국에 거주하는 외국인 인구가 크게 늘어나면서 '다문화 사회'가 중요한 화두로 떠오르고 있다. 통계청의 내외국인 인구 추계에 따르면 국내 거주 외국인 중 65세 이상 고령자가 2024년 기준으로 13만 명을 넘었고 이들 중 상당수는 여전히 경제 활동에 참여하고 있다. 이들이 고국으로 돌아가지 않고 한국에 남아 노년을 보내게 될 경우, 이들을 돌볼 수 있는 시설이 필요하지만 아직은 거의 찾아보기 어렵다.

앞으로는 인구 감소로 인해 외국인이 계속 증가할 것이기에 외국인 고령화에 대한 고민과 준비는 시급한 과제다. 이러한 측면에서 일본의 특별양호노인홈 '후루사토 노 이에('고향의 집'이라는 뜻의 일본어)'는 좋은 사례라고 생각되는 곳이었다.

재일 동포 노인들의 안식처 '고향의 집'

'고향의 집'은 사회복지법인 '마음의 가족'의 윤기 이사장이 의지할 곳 없는 재일 동포 노인들을 위해 설립한 특별양호노인홈(특양)이다. 1989

년 오사카 인근 사카이시에서 첫 문을 연 이후 다른 지역에도 하나씩 추가해 현재는 오사카, 고베, 교토, 도쿄 등 총 5곳에서 재일 동포 고령자들을 위한 요양 시설을 운영하고 있다. 대부분의 시설은 100~160명 규모로서 특양, 케어하우스, 쇼트스테이, 데이서비스(치매 고령자 대상), 방문 요양 등 한곳에서 다양한 서비스를 제공한다.

옥상에는 산책과 휴식을 할 수 있는 정원이 조성되어 있다.

특히 교토에 있는 시설은 지역사회를 대표하는 요양원으로 자리매김하고 있다. 5층 구조의 건물은 특양 100명, 병설 시설 60명 등 총 160명이 이용 중인데, 특양 입소자는 초기에 100% 재일 동포였지만 현재는 100명 중 70명은 재일 동포, 30명은 일본인이다. 입소하는 일본 고령자들은 이 시설이 다문화 시설임을 사전에 인지하고 동의한 경우에만 입소하기 때문에 다문화로 인한 차별과 갈등은 없다고 한다.

추석이나 설날과 같은 한국 명절을 기념하고 희망할 경우 한복을 입고 명절을 맞이하기도 한다. 평소에도 한국 음식을 식단에 포함시키고 레

　　　　　'나답게' 늙어갈 수 있는 집 **1**

건물 내부 곳곳에서 한국의 정서를 느낄 수 있는
가구와 사진, 물건들을 찾아볼 수 있다.

크리에이션에서 한국 노래를 부르는 등 재일 동포들을 배려하고 있다. 돌아가신 분에게는 한국 치마저고리를 입혀 장례를 치를 수 있도록 돕고 건물 내에 장례식장을 마련하여 그동안 돌봐 온 직원들도 함께 고인과 이별의 시간을 갖기도 한다. 고향인 한국을 느끼면서 돌봄을 받을 수 있는, 재일 동포 노인들의 진정한 안식처 역할을 하고 있다.

다문화 페스티벌을 통한 지역사회 교류

초기에는 시설에서 일하는 직원들 대부분이 한국인과 일본인이었으나 일본 사회 전체에서 간병 인력 부족 문제가 심각해지면서 점점 한일 이외 국적의 외국인 근로자도 채용하게 되었다. 베트남, 필리핀 등 다양한 국적의 외국인 직원들이 늘어 현재는 140명의 직원 중 베트남인이 20명에 달하고 한국인은 10명 정도이다. 다양한 국적의 직원들이 있어 서로 부딪치는 경우는 없냐고 물으니 "국적 때문에 생기는 갈등은 없고 개

문화센터 입구의 한쪽 벽면에는 다양한 국적의 직원,
지역 주민들이 함께 활동했던 사진들이 가득 채우고 있다.

인의 성격 차이로 인한 갈등만 가끔 있다"라고 답했다.

재일 동포를 대상으로 문을 열었던 초기에는 시설도 한국 문화 중심으로 운영했다. 매년 지역사회와의 교류를 위해 정원과 강당, 건물을 개방하는 '한국 문화 페스티벌'에는 지역 주민들이 찾아와 한국 문화와 음식 등을 체험하며 함께 즐겼다. 하지만 그 이후 일본인들이 입주하기 시작하면서 한일 문화가 공존하는 시설로 변화했고 외국인 직원도 늘어난 지금은 '다문화 페스티벌'이 되었다. 베트남 등 외국인 직원들이 자국의 음식을 만들어 지역 주민들과 함께 먹으며 어울리는 모습을 보고 더 많은 직원들이 참가하게 되면서 자연스럽게 다문화 축제로 발전했다고 한다.

시설이 주관하는 다문화 페스티벌은 이제 지역사회에 다양한 문화를 알리고 지역 주민들과 소통하는 행사가 되었다. 시설의 입주자와 직원, 지역 주민들이 모두 참여해 각국의 음식과 공연, 바자회 등을 함께 즐긴다. 2024년에는 250명이 넘는 지역 주민이 참여할 정도로 중요한 지역 축제 중 하나가 되었다.

　　　　　　　'나답게' 늙어갈 수 있는 집

'목포 거지대장'의 아들이 만든 노후의 쉼터

이곳을 설립한 윤기 이사장은 '목포의 거지대장'으로 불렸던 고 윤치호 씨와 고 다우치 치즈코(田內千鶴子, 한국명 윤학자) 여사의 아들이다. 윤학자 여사는 식민지 시절에 일본 총독부 관리의 딸이었음에도 불구하고 목포에 와서 고아를 돌보던 개신교 전도사 윤치호 씨와 결혼했다. 남편 사망 후에도 일본으로 돌아가지 않고 남편이 설립한 고아원 '공생원'을 운영하며 죽을 때까지 3,000명 이상의 고아를 돌본 '한국 고아들의 어머니'였다. 이러한 부모님 밑에서 자란 윤기 이사장은 어머니가 돌아가신 26세 때부터 아이들을 맡아 기르면서 공생원을 재활원, 직업 훈련 학교, 자활 센터 등 17개 기관을 갖춘 숭실공생복지재단으로 성장시켰고 그 후 일본에서 재일 동포들을 위한 시설을 세우게 되었다.

이러한 배경 속에서 세워진 후루사토노이에는 어려움 속에서도 타인을 보살피는 숭고한 정신이 어떻게 하나의 시설을 넘어 다른 나라 사회 전반에까지 긍정적인 영향을 미칠 수 있는지 보여 주는 좋은 예시이다. 다문화 노인 주거 시설을 만들어 가는 윤기 이사장의 핵심 철학은 바로 '차이는 은혜다'라고 한다. 이사장 본인 역시 아버지가 한국인, 어머니가 일본인인 다문화 가정에서 성장했기에 '차이'는 차별의 이유가 아니라 새로운 것을 발견하고 아이디어를 얻을 수 있는 혜택이라고 생각한다. 이러한 긍정적인 철학이 고령자들이 모여 서로 다른 문화와 시각을 포용하며 생활하는 '고향의 집'을 만든 것이다.

한국에서도 점점 거주하는 외국인들이 많아지고 있다. 지금은 일부 업

종에만 집중되어 있지만 앞으로는 일상생활 속에서 가까운 이웃으로 살아가는 외국인들이 더 늘어날 것이다. 그들은 앞으로 한국에서 우리와 함께 나이가 들어 노후의 친구가 될 수도 있다. 다국적 생활 터전이 된 이곳이야말로 우리가 앞으로 추구해야 할 노인 주거 시설의 모습이 아닐까.

(필자: 류재광)

복합 요양 시설 '후레아이코프(ふれあいコープ)'
건강 단계별로 필요한 시설들을 한곳에

노화는 누구에게나 예외 없이 찾아온다. 어떤 사람은 비교적 건강한 노년을 보내지만, 또 다른 이는 빠르게 돌봄이 필요한 상황에 맞닥뜨린다. 노화 속도는 개인마다 다르다. 그리고 나이가 들수록 건강 상태는 일상생활의 활동 범위뿐 아니라 행복도에도 크게 영향을 끼친다. 그래서 생물학적 나이와는 별개로 신체적·정신적 기능을 얼마나 유지하고 있는가를 나타내는 '건강 나이'가 사회적으로도 큰 이슈가 되고 있다.

어떤 이는 아주 서서히, 또 어떤 이는 갑작스럽게 돌봄이 필요한 상태로 접어든다. 일본도 고령자 시설이 증가하면서 개인별로 다른 변화 속도를 고민했다. 신체 상황이 달라졌을 때 어떻게 대응할지를 고민한 사례들은 곳곳에서 찾아볼 수 있다. 그중에는 건강 상태나 생활 여건에 따라 필요한 지원을 내부에서 선택할 수 있는 구조를 추구한 모델들이 있다. 우리가 방문한 '후레아이 코프'와 '모토소자'는 대표적인 사례라고 할 수 있는 곳이었다.

한 공간 안에 준비된 다양한 선택지

도쿄에서 신칸센으로 약 1시간 거리, 도치기현 우쓰노미야시에 자리

다양한 시설을 함께 운영 중인 후레아이코프는 생협 조합원들이 지역에서
마지막까지 살고 싶다는 희망에서 시작되었다.

한 후레아이코프는 지역 생협의 복지사업부에서 출발했다. 2000년대 초
반, 조합원들 사이에서 "지역에서 마지막까지 살고 싶다"라는 요구가 커
지자 생협 내부의 복지 부문을 독립시켜 사회복지법인으로 전환한 후
2008년 일본 정부의 공모 사업을 계기로 '특별양호노인홈(특양)'을 설립
했다.

이후에 다양한 기능을 추가하면서 현재와 같은 '복합형 돌봄 플랫폼'으
로 진화했다. 현재는 특양을 중심으로 방문 요양, 재택 돌봄, 서비스 제
공형 고령자주택(서고주), 소규모 다기능 거택 케어 등 여러 서비스를 하
나의 조직 안에서 유기적으로 연결해 운영하고 있다. 지역 주민까지 참
여하는 서로 돕기 프로그램을 운영하는 등 단일 시설을 넘어서 지역 전
체를 포괄하는 돌봄 거점이자 조정자 역할을 하고 있다.

　　　　　　　　'나답게' 늙어갈 수 있는 집 1

중증 요양시설인 특양은 유닛케어 방식으로 운영한다. 최근 일본에서 확산되고 있는 유닛케어는 시설 내에 소그룹, 즉 유닛을 만들어 가족과 같은 소속감을 느끼고 서로 도울 수 있도록 하는 케어 방식이다. 후레아이코프는 하나의 유닛을 10명으로 구성한다. 각자 생활하는 1인실과 공유 공간으로 구성되어 있으며 입

특별양호시설은 10명 단위의 유닛으로 나눠서 운영해 가족과 같은 소속감을 느끼며 서로 도울 수 있도록 한다.

주자의 생활 리듬과 자율성을 최대한 보장하는 것이 원칙이다. 직원들은 유니폼 대신 편안한 복장으로 입주자와 일상을 함께한다. 실제로 방문 당시, 입주자가 직원과 함께 마루에서 빨래를 개거나 거실에서 이야기를 나누는 모습이 눈길을 끌었다.

몇 년 전 본 '소규모 다기능 주택' 모델인 고령자 시설에서 본 풍경이 겹쳐 떠올랐다. 그곳에서도 중증 치매 상태의 입주자가 직원과 함께 점심을 만들고 식탁에 둘러앉아 같이 식사하며 하루를 보냈다. 각기 다른 신체 상태의 사람들이 집과 가장 비슷한 환경 속에서 서로 다른 형태의 돌봄을 받으며 살아가는 모습을 후레아이코프 특양에서도 볼 수 있었다.

특양 건물 바로 옆에는 2024년 6월부터 운영을 시작한 서고주가 있다. 자율성과 독립성이 유지되는 소규모 임대형 주택으로, 상대적으로 건강한 고령자가 스스로 일상생활을 하다가 필요할 때는 바로 돌봄으로 연결될 수 있도록 설계되어 있다. 총 35명이 입주할 수 있는 규모로서 개인

생활 공간은 13~15㎡ 크기의 단독실로 구성되어 있다. 외출이 자유롭고, 체조 교실이나 독서 모임 등 지역 활동에도 참여할 수 있다. 무엇보다 특양과 연계되어 있어 돌봄이 필요해지면 유연하게 이동할 수 있다는 점이 큰 매력 중 하나다.

지역과도 연계하는 '안심 지원 시스템'

후레아이코프의 두드러진 또 하나의 특징은 바로 '안심 지원 시스템'이다. 건강 체조 교실, 아동 학습 지원, 치매 카페, 푸드뱅크 등 다양한 활동을 하나로 묶고 입주 고령자뿐만 아니라 지역 내 고립된 가구나 돌봄 공백이 있는 가정까지 능동적으로 찾아 참여하도록 하여 서로를 연결한다. 이뿐만 아니라 지역 내에서 누군가 쓰레기 버리기, 물건 옮기기 등 간단한 도움이 필요할 때 그러한 일을 하겠다고 등록한 지역 주민과 연결해 주는 상호 도움 매칭 서비스도 운영한다. 단지 요청에 응답하는 것에 그치지 않고 먼저 찾아가 돕는 것, 지역 대학 및 연구 기관과 협력해 수요를 조사하고 프로그램을 개발하는 것도 이곳의 주요 역할 중 하나였다.

한 직원은 "여긴 근무지가 아니라 인생의 마지막까지 함께 지내는 생활 공간이에요"라고 소개했다. 이 말은 후레아이코프의 철학이기도 하다. 실제로 2008년 개소 당시 입소한 고령자가 여전히 이곳에서 생활하고 있었고 평균 연령이 80대 후반에 이를 정도로 장기 거주가 일반적이다. 입주자들은 이곳을 건강할 때 입주해 몸이 약해지면 돌봄을 받으면서 생의 마지막까지 머무를 수 있는 '집'으로 여긴다. 시설과 지역, 돌봄과 주거, 삶과 죽음이 연결되는 모습을 추구했던 당초의 철학을 하나씩 실현해 가는 중이다.

공공 기관이 주도했기에 가능했던 '모토소자'

앞서 3장에서 소개한 모토소자도 다양한 시설이 한곳에 모여 있는 복합 시설이다. 단, 후레아이코프는 특양, 서고주와 각종 돌봄 서비스를 하나로 묶은 것에 반해 모토소자는 서고주와 컬렉티브하우스를 하나로 엮었다는 점에서 성격이 조금 다르다.

일반적으로 민간에서 복합 시설을 계획할 때는 서고주와 함께 좀 더 높은 수익을 올릴 수 있는 유료노인홈을 하나로 묶는 경우가 많다. 서고주의 낮은 수익률을 비교적 고가인 유료노인홈, 낮에만 운영하는 데이서비스 시설 등과 함께 구성해 이익을 늘리려는 것이다. 모토소자가 큰 이익을 기대하기 어려운 컬렉티브하우스를 서고주와 함께 구성한 것은 공공에서 주도한 모델이기에 가능했다고 할 수 있다.

모토소자는 2013년, 주택공급공사가 지역 과제를 함께 담아낼 수 있는 주거 모델을 고민하는 과정에서 기획한 '다기능 주택'이다. 고령자 돌봄, 육아 세대 지원이라는 지역 과제에 동시에 대응할 방안을 찾고자 기획 단계부터 인근 대학 교수 및 관계자들과 논의한 끝에 컬렉티브하우스를 포함하게 되었다. 군마현의 첫 번째 컬렉티브하우스이자 새로운 형태의 돌봄 복합 시설이었다.

1층에 병설된 데이서비스에 대해 관계자는 "여기 이용자분들의 절반

'모토소자'는 1층에 컬렉티브하우스와 데이서비스 시설이 있고
2~3층은 서고주로서 운영하고 있다.

은 외부에서 오는 분들이고 절반은 건물 안에 사는 분들이에요. 서로 자연스럽게 섞이죠. 식사도 마찬가지예요. 서고주 입주자들뿐 아니라, 데이서비스 이용자들도 점심을 함께 드세요"라고 설명했다. 서고주에는 스스로 움직이기 어려운 경우도 많아서 직원이 직접 방으로 모시러 간다고 했다. 참고로 서고주는 법적으로는 '주택'이기 때문에 입주자들은 외부의 데이서비스를 선택할 수도 있다.

이 외에도 이곳에는 컬렉티브하우스 거주자와 서고주 입주자가 함께 이용하는 공용 공간이 많아 자연스러운 교류가 가능하다. 재활을 위한 데이서비스에서는 건물 바깥으로 산책도 나간다. 주변에는 강이 흐르고 차량이 없는 산책길이 있어 걷기 운동을 하기에 매우 좋다. 사람의 출입에서도, 공간의 사용에서도 시설과 지역 간의 벽을 두지 않고 자연스럽게 함께하고 있었다.

컬렉티브하우스의 가족 입주자 및 인근 주민들을 위해 만들었던 1층의 보육원이 수요가 적어 결국 재활 중심의 데이서비스 시설로 바뀌었고 컬렉티브하우스도 여전히 만실이 아니라는 점은 아쉽지만 초기에 추구했던 내부 시설 간 교류와 지역과의 소통은 느슨하게나마 이어지고 있어 절반의 성공이라고 평가할 수 있을 듯하다. 계획했던 만큼의 수익이 나오지 않아도 운영을 계속할 수 있는 것은 수익뿐만 아니라 지역 문제까지 함께 고려하는 공공이 주도하기 때문이다.

컬렉티브하우스 내부에 있는 주방 겸 공용 휴게실 풍경

삶의 연속성을 추구하는 다기능 복합체

어떤 모델이든 처음부터 완벽하고 아름답게 계획된 복합형 커뮤니티 형태로 시작할 수 있다. 다양한 서비스 단계를 구조적으로 설계하고 각 기능을 체계화할 수도 있다. 하지만 그렇게 설계되었다고 해서 모든 것이 해결되는 것은 아니다. 고령자 시설은 본질적으로 일정한 폐쇄성을 가질 수밖에 없다. 독립생활 시설에서 요양 시설로 이동한 후 돌봄과 생활이 폐쇄적인 공간 안에서만 이뤄진다면 답답함을 견뎌야 하는 시간이 계속된다.

우리가 후레아이코프나 모토소자 같은 사례에서 중요하게 본 것은 바로 이 지점을 넘어서려는 끈질긴 시도였다. 이 모델들이 보여 준 공통점은, 서비스의 구조적 완성도가 아니라 지역사회와의 연결에 있었다. 단순히 여러 기능을 갖추는 것이 아니라 그 기능이 지역과 유기적으로 얽혀 있느냐가 관건이다. 그런 연결을 가능하게 만드는 것은 바로 시설 운영자의 철학이고 주민들의 요구를 읽어 내는 능력이며 그것을 현실화하기 위한 실천이다.

두 모델은 방식도 배경도 다르지만 공통적으로 '한 곳에서 다양한 선택지를 제공한다는 점', '지역과의 소통에 끊임없이 노력한다는 점'에 중요한 시사점이 있다. 돌봄은 단지 누군가를 돕는 일이 아니라 사람이 삶을 계속 이어 갈 수 있도록 해 주는 일이기도 하다. 후레아이코프와 모토소자는 돌봄을 '구분된 단계'가 아닌 '이어지는 흐름'으로 만들어 내고 있었다.

(필자: 박소정)

고립, 관계, 그리고 환경노년학의 시선

박소정 부교수

워싱턴대학교 세인트루이스 브라운 스쿨

노년학(Gerontology)은 노화와 노인의 삶을 연구하는 학문이다. 생물학, 심리학, 사회학 등 다양한 분야의 지식을 통합해 노인의 삶의 질을 향상시키기 위한 이론과 실천 모델을 제시한다. 오늘날처럼 인구 고령화가 급속히 진행되는 사회에서는 노년학의 역할과 중요성이 더욱 강조된다.

"나는 어떻게 늙고 싶은가?"

이 질문은 단순히 건강 상태나 외모의 변화를 묻는 것이 아니다. 지금의 '나다움'을 앞으로도 계속 유지하며 살아갈 수 있을지를 묻는, 정체성과 존엄에 대한 질문이다. 여기서 말하는 '나다움'이란 원하는 시간에 일어나 내가 고른 잔에 커피를 따르고 익숙한 리듬으로 하루를 시작하는 일상과 같은, 작지만 깊이 있는 감각이다. 내가 어떤 사람인지를 나 스스로 알고 타인도 그런 나를 알아봐 주는 것. 어떻게 하면 죽기 전까지 최대한 오래 이러한 감각을 유지할 수 있을까?

고립되지 않는 노후가 왜 중요한가

노년학은 이 질문에 다양한 관점과 이론으로 접근해 왔다. '성공적 노화(Successful Aging)'는 건강, 인지 기능, 사회 참여를 강조했고, 'SOC 모델(Selection-Optimization-Compensation)'은 자원과 기능을 전략적으로 조절해 삶을 재구성하는 방식을 제시했다. '생산적 노화(Productive Aging)'는 사회적 기여의 가능성을, '활기찬 노화(Active Aging)'는 자기 돌봄과 능동성, 참여를 강조했다. 이들 이론은 모두 노년을 '가능성의 시기'로 새롭게 조명한 중요한 전환점이었다.

그러나 시간이 흐르면서 노년기의 삶을 결정짓는 요인이 단지 개인의 기능이나 의지에만 있지 않다는 것이 명확해졌다. 바로 '고립'이라는 요소가 그것이다. 기존의 이론들이 간접적으로 관계의 중요성을 언급하긴 했지만 고립 자체를 중심 문제로 다룬 경우는 드물었다. 이는 과거에는 고립이 지금처럼 심각한 사회적 문제로 대두되지 않았기 때문일 수도 있다.

오늘날 우리는 다른 조건들보다도 '고립되지 않는 노후'가 얼마나 중요한지를 체감하고 있다. 관계망이 무너지고 돌봄이 사라지고 이웃도 친구도 가족도 곁에 없는 노년의 삶은 외롭고 위태롭다. 그래서 이제 우리는 노후에 대한 질문을 바꿔야 한다. "나는 얼마나 잘 늙고 있는가?"가 아니라, "나는 누구와, 어떻게 연결되어 있는가?"라고.

심리학자 로라 카스텐슨(Laura Carstensen)의 사회정서적 선택 이론(Socioemotional Selectivity Theory)에서는, 노년기에는 남은 시간이 제한적이라는 인식에 따라 인간은 '양보다 질 높은 관계', 즉 정서적으로 의미 있는 관계를 더 선호하게 된다고 설명한다. 이는 삶의 만족도, 정서적 안정, 인지 기능 유지와 깊은 관련이 있으며 실제로 정서적으로 가까운 관계에 더 집중하게 되는 경향이 관찰된다(Carstensen, 1995).

이러한 경향은 하버드대학교의 장기 추적 연구(Harvard Study of Adult Development)를 통해서도 확인된다. 수십 년간의 데이터를 분석한 이 연구는, 삶의 건강과 행복을 예측하는 가장 중요한 요소는 재산이나 명성이 아니라 '좋은 인간관계'임을 보여 주었다(Talen, 2024). 결국 노년기의 삶은 누가 곁에 있는가에 따라 전혀 다른 결이 될 수 있다.

'나다움'과 연결성, 그리고 환경

이와 같은 논의는 환경노년학(Environmental Gerontology)의 핵심 개념과 맞닿아 있다. 나이가 들면서 우리는 건강 상태, 경제 여건, 가족 구조 등 다양한 삶의 조건에서 변화를 겪는다. 특히 고령기에서 초고령기로 넘어가는 시점에는 일상 활동 반경이 축소되고 이에 따라 '거주 환경'이 삶의 질에 미치는 영향이 점점 커진다. 환경노년학은 이러한 현실을 반영해 노인의 삶을 '집과 동네'라는 구체적 공간과 연결해 이해하고자 한다.

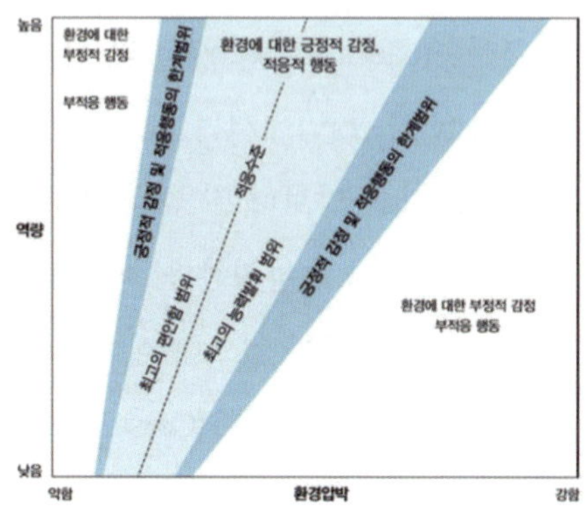

원저자: 로튼(Lawton)과 네이모우(Nahemow)(1973).
출처: 한경혜 · 최혜경 · 안정신 · 김주현(2019).

이 분야의 이론적 토대를 마련한 로튼(Lawton)과 네이모우(Nahemow)(1973)는 생태학적 모델(B=F(P,E))을 통해, 개인의 능력(P)과 환경의 요구 수준(E) 간 상호작용이 행동(B)을 결정한다고 보았다. 이 모델은 이후 '개인-환경 적합성(Person-Environment Fit, P-E fit)'의 초기 형태로도 알려져 있으며, 흔히 '환경 압박-역량(Competence-Press) 모델'이라고 불린다. 다시 말해, 개인의 역량과 환경의 자극이 서로 조화를 이룰 때 가장 효과적인 적응(Adaptation)이 가능하다는 것이다.

이 모델은 이후 50여 년 동안 확장되어 다양한 개인-환경 적합성 이론으로 발전했다.

원래는 개인 능력과 환경 자극의 균형을 강조하던 연구들이, 점차 심리적 · 사회적 환경, 관계성, 장소애착, 참여 가능성 등 더 넓은 차원까지 포함하게 되었다.

'나답게' 늙어갈 수 있는 집

아래 그림은 환경노년학 이론이 1세대-2세대-3세대로 발전해 온 흐름을 간단하게 보여 준다.

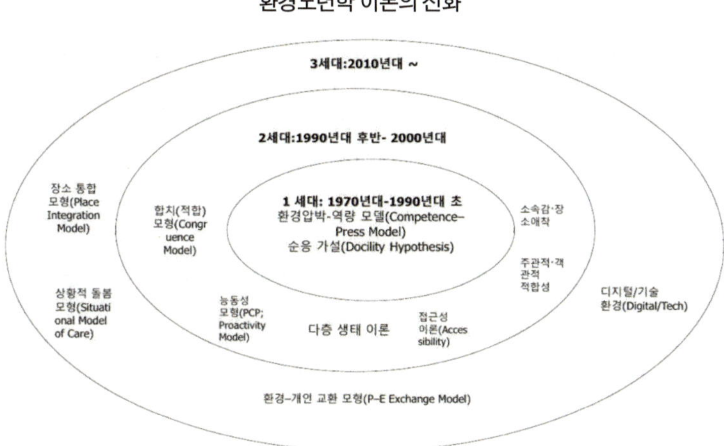

출처: 박소정(2025) 한국사회복지 공동학술대회 발표 자료를 바탕으로 저자 재구성.

1세대(1970~1990년대 초)

역량-환경압, 순응 가설 등 → 개인·환경의 기본적 균형 강조

2세대(1990~2000년대)

합치(Congruence), PCP(Proactivity) 등 → 환경을 물리적 요소보다 더 넓은 체계로 인식

3세대(2010년대 이후)

장소(Place), 참여, 지역사회 관계성 강조 → 환경을 관계적·사회적·기술적 구조로 해석

이러한 진화는 단순한 이론 발전을 넘어, 노년기 삶의 질을 결정하는 핵심이 '환경 속 관계'라는 인식으로 이어졌다. 이와 같은 이론적 진화는 실천적 함의도 크다. 노인은 나이가 들수록 활동 반경이 좁아져 주거지와 동네가 삶의 중심 무대로 재편된다. 따라서 노후에도 살던 지역에서 계속 생활하려면 물리적 설계나 서비스 제공뿐 아니라 그 안에서 이루어지는 관계, 상호 돌봄, 일상의 리듬과 의미가 어떤 방식으로 유지되고 재구성되는지가 가장 중요하다. 환경노년학의 여러 이론들은 바로 이러한 '나다운 노후'를 가능하게 만드는 조건을 학문적으로 설명하는 기반으로서 지역사회·주거 정책을 설계할 때 중요한 지침이 된다.

Aging in Place: 환경이 '나다움'을 지지하는 방식

AIP(Aging in Place)는 자신이 원하는 장소에서 원하는 방식으로 존엄을 유지하며 살아가는 것을 의미한다. 환경노년학의 P-E 적합성 관점은 AIP가 단순히 '집에 오래 살기'가 아니라 물리적 환경+관계적 환경+지역사회 자원이 조화를 이루어야 가능한 상태임을 알려 준다. 즉, AIP는 집·환경·서비스·관계가 함께 작동하도록 설계하는 과정이다.

단, 이러한 개념들은 단지 이론적인 도식에 그치는 것이 아니다. 다양

  '나답게' 늙어갈 수 있는 집

한 주거 모델을 비교 분석할 때 실제 거주 환경이 개인의 특성과 어떻게 '맞물릴 수 있는가'를 판단하는 실천적 기준이 된다. 특히 이 책에서 다루는 일본의 사례처럼, 주거 공간은 단지 개인의 기능적 상태에 맞는 설계나 서비스 제공을 넘어 사회적 연결망의 회복과 공동체적 삶의 구조를 실현하는 기반이 된다.

이 책에서는 일본의 다양한 공동체 기반 주거 모델을 소개함으로써 노년기 삶의 '연결성'을 어떤 방식으로 재구성할 수 있는지를 탐색한다. 공동 식사, 정서적 지지, 자치 운영, 다세대 교류 등 다양한 실천들이 어떤 이론적 맥락 위에서 작동하는지를 살펴보는 것은 단순한 해외 사례 수집 작업이 아니라 우리의 노년 설계에 질문을 던지는 작업이기도 하다.

AIP가 실현되기 위해서는 개인의 주거뿐 아니라 그 안에서 이뤄지는 관계성과 사회적 자원이 함께 작동해야 한다. 이는 환경노년학의 이론적 틀과 정확히 호응하며 주거 모델이 '나답게 나이 들기'를 어떻게 가능하게 만드는지를 설명해 준다. 결국, '나다움'은 고립된 개인 안에서 지켜지는 것이 아니다. 건강하지 않아도, 기억이 사라져도, 내가 누구였는지를 함께 기억해 줄 공동체가 있다면 — 우리는 여전히 나답게 살아갈 수 있다.

5장

내 집에서
그대로 살고 싶은 나

하드웨어, 소프트웨어 모두 변화가 필요한 집

고령자의 87% "내 집에서 살고 싶다"

2024년 한국보건사회연구원의 '노인의 생활환경과 노후생활 인식' 보고서에 따르면, 고령자의 87.2%가 "현재 집에서 계속 살고 싶다"라고 답했다고 한다. 건강 상태와 관계없이 대부분의 고령자가 익숙한 공간에서 마지막까지 살아가기를 바라고 있다는 뜻이다. 낡은 싱크대와 경사진 입구, 겨울이면 냉기가 스며드는 벽까지, 어디 하나 편리하다고 말하기 어려운 공간이라 할지라도 평생을 살아온 공간은 단순한 건물이 아니기 때문이다.

아이들을 키우며 쌓은 가족의 추억이 가득하고 배우자를 떠나보낸 후 혼자서도 꿋꿋이 삶을 이어 온 시간이 고스란히 새겨져 있다. 벽지와 창틀, 마당의 장독대와 나무 하나에까지 한 사람의 인생이 조용히 배어 있는 곳이 바로 '내 집'이다. 익숙한 공간, 낯익은 사람들 곁에서 조용히, 나 나름대로 품위를 지키며 내 집에서 늙어 가고 싶다는 바람은 아마 대부분의 사람에게 자연스러운 감정이 아닐까.

의지만으로는 부족한 노후의 내 집 생활

문제는 그 바람을 어떻게 현실로 만들 수 있을까 하는 문제이다. 나이가 들어서도 내 집에서 계속 생활하려면 단지 '의지'만으로는 부족하다. 어느 순간부터는 발끝에 걸리는 문턱 하나가, 욕실 바닥의 미끄러움이, 한밤의 불 꺼진 복도가 큰 위협이 될 수 있기 때문이다.

이럴 땐 집 자체를 조금 수리하면 된다. 미끄러지지 않게 안전 손잡이를 달고 문턱을 없애고 향후를 위해 휠체어가 다닐 수 있도록 경사로를 만드는 것만으로도 안전성은 크게 향상된다. 단순한 '리모델링'이 아니라 자신이 갖고 있는 삶의 방식을 연장하기 위한 투자다. 일본은 이처럼 고령자를 위해 주택을 개조할 때 국가가 운영하는 '개호 보험'을 통해 일정 금액을 지원한다.

단, 잘 수리해서 내 집이 안전하고 편해졌다고 해서 삶이 외롭지 않은 것은 아니다. 몸이 아프면 안부를 확인하고 도움을 줄 사람, 외로울 때 잠깐 말동무가 되어 줄 이웃, 갑자기 불이 꺼졌을 때 도와줄 누군가가 필요하다. 어쩌면 집의 구조만큼이나 중요한 것은 바로 그런 '이웃 사람들'이다. 낯선 실버타운이나 요양원보다, 오랫동안 얼굴을 익혀 온 이웃이 더 든든한 법이다.

일본에서 견학한 후레아이코프, 다마가와 주택에서는 이웃 간에 작은 도움을 주고받는 '서로 돕기 프로그램'을 운영하고 있었다. 약을 받으러 가는 길에 동행해 달라거나 쓰레기를 버려 달라는 부탁 정도는 부담 없이 요청하고, 서로 돕기에 참가하겠다고 등록한 주민이 매우 적은 아르

바이트비를 받고 도움을 준다. 무료로 도움을 주고받으면 서로에게 부담이 되어 오래 지속되기 어렵다는 생각에 소액의 이용료, 봉사료를 책정해 운영한다. 생활 속의 작은 도움은 거창한 프로그램이나 계약이 필요한 것이 아니다. 작은 부탁, 안부를 주고받을 수 있는 오래된 이웃과의 관계만 있다면 그것으로 충분하다.

다마가와 주택은 20~30대에 입주했던 사람들이 80대가 된 지금도 여전히 그곳에서 함께 지내면서 자연적으로 은퇴자 중심의 마을이 된 곳이다. 몇 십 년을 함께 살아온 주민들은 어느새 '가족보다 가까운 이웃'이 되었다. 함께 단지를 가꾸고 자치회를 만들어 회의하고 서로의 안부를 묻는다. 함께 지낸 시간 속에서 생겨난 관계는 단기간에 인위적으로 만들어진 관계와는 깊이와 성격이 크게 다르다. 이처럼 자연스럽게 나이 든 사람들이 함께 살아가는 주거 형태는 또 다른 방식의 노년 주거 형태가 될 수 있다.

요즘은 더 새로운 시도들도 생겨나고 있다. 몸이 불편한 부모님과 여행을 가고 싶을 때 편히 지낼 수 있는 호텔이 있다. 요양원이 운영하는 호텔 덕분에 거동이 자유롭지 않은 부모님과의 여행도 더 이상 불가능한 일이 아니게 되었다. 이곳에서는 전문가의 돌봄과 함께하는 새로운 여행의 모습을 제안한다.

안전한 구조+따뜻한 관계와 돌봄

이렇듯 노인의 주거는 단순한 집의 문제가 아니다. 몸이 불편해지는 것을 고려한 구조 즉 '하드웨어'와, 외로움을 덜어 주는 인간관계와 돌봄이라는 '소프트웨어'가 함께 갖추어져야 한다. 어느 하나만으로는 충분하지 않다. 안전한 집이 있어도 외롭고 정이 있는 이웃이 있어도 계단을 오르내릴 수 없다면 결국 그 공간은 노후의 바람직한 주거가 될 수 없다. 안전하고 편안한 '내 집에서의 노후 생활'은 본인의 노력뿐만 아니라 이웃과 지역, 정부의 협력이 있어야만 가능하다.

우리는 모두 나이가 든다. 그리고 그때가 되면 누구나 마음속으로 바라게 될 것이다. "가능하면 이 집에서, 지금처럼 살고 싶다"라고. 그 바람을 가능하게 하려면 지금부터 하나씩 준비해야 한다. 집을 어떻게 바꾸어야 할지, 어떤 관계를 만들어야 할지, 어떤 시스템이 나를 지켜 줄 수 있을지 곰곰이 생각해 봐야 한다.

이 장에서는 그러한 '노후의 내 집' 준비에 도움이 될 만한 구체적인 사례들을 하나씩 살펴보려 한다. 일본에서 먼저 시작된 실험들, 재택 생활을 가능하도록 돕는 각종 지원과 제도, 자연스럽게 만들어진 이웃 공동체까지, '내 집에서 끝까지 살고 싶은 사람들'을 위한 이야기들이다.

(필자: 김정근)

일본의 고령자 주택 개보수 지원 정책

위험해지기 전에 미리 고치고 바꿔야 하는 집

노후에도 자신이 살던 곳에서 계속 살아가는 것을 학계에서는 AIP(Aging in Place)라고 부른다. 우리나라에서도 몇 년 전부터 자주 거론되는 AIP를 위해서는 자신의 신체 변화에 따라 주거 환경을 바꿔야 한다. 가장 먼저 필요한 작업은 주택 개수와 주택 보수를 합친 '주택 개보수'이다.

주택 개수(Improvement)는 기존 기능을 개선하거나 확장하는 것을 의미한다. 나이가 들어 낙상 위험이 우려될 때는 안전 손잡이를 부착하고 욕실에 미끄럼 방지 타일을 설치하는 것 등을 생각할 수 있다. 주택 보수(Repair)는 주택이 낡아 손상되거나 파손된 부분을 수리하여 본래의 기능을 회복시키는 일을 의미한다. 거실 전등이 고장 나 야간에 이동하기 어렵거나 창문이 파손되어 겨울에 난방 효율이 낮아졌다면 손상된 부분을 수리해 원래 기능이 회복되도록 고쳐야 한다. 이러한 주택 개보수를 통한 주택 수명의 연장은 노후에도 내 집에서 계속 살기 위한 필수 조건이다.

특히 노화로 신체적 기능이 약해졌을 때 주택 개보수는 노후 삶의 질을 결정하는 중요한 요소가 된다. 노인의 낙상은 단순 사고로 끝나는 것이 아니라 일상생활을 송두리째 바꿔 버릴 수도 있기 때문이다. 사고가 생기기 전에 미리 욕실에 손잡이를 설치하고 바닥을 미끄럽지 않게 바꾸기만 해도 노후 자립성과 안전성을 크게 높일 수 있다.

일본의 주택 개보수 정책은 크게 2가지로 나누어진다. 첫째는 2000년에 도입한 '주택 개보수 지원 사업'이다. '개호 보험 제도'를 통해 노인의 자택 내 낙상 예방과 편의성 개선을 위한 주택 개보수 공사비를 보조한다. 대상은 개호 보험 등급을 받은 고령자들로, 노후를 위해 집을 수리할 경우 '공사비의 자기 부담률 10~30%'라는 기준에 따라 최대 20만 엔까지 지원한다. 원칙상 이용자가 우선 전체 비용을 사업자에게 지불한 후 개호 보험에서 환급되는 형태로 운영하며 난간 장착, 단차 및 통로의 경사로 해소, 미끄럼 방지 바닥재 시공, 미닫이문으로 변경 등을 지원한다.

두 번째는 국토교통성 '고령자의 거주 안정 확보에 관한 법률'에 근거한 '주택 개보수 정책'이다. 이 정책은 역모기지 형태로서 개호 보험의 등급을 받지 않은 고령자들도 이용할 수 있다. 단독주택 소유자들을 대상으로 주택금융공사(JHF, Japan Housing Finance Agency)가 주택 개보수를 위해 최고 1,500만 엔까지 융자를 제공한다. 생전에는 이자만 납부하고 사망 이후 주택 자산을 활용해 일괄 상환하는 방식이다.

일본 개호 보험의 '주택 개보수 지원'

자립 및 개호하기 쉬운 생활 환경을 정비하기 위해 소규모의 주택 개조 수리에 대해 20만 엔을 한도로(이용자 부담 10%~30% 포함) 지급(주1 참조). 지자체에 사전에 신청.

【항목】난간 장착, 단차 및 통로 등의 경사 해소, 미끄럼 방지 등을 위한 바닥재 변경,

이와 같은 정책적 제도들은 단순히 주택 개보수를 지원하는 보조금 지급만을 의미하지 않는다. 정부의 사회보장 비용과 의료보험 부담이 줄어들 뿐만 아니라 나이가 들어 신체적·정신적·사회적 기능이 저하되면서 발생하는 주거 공간의 위험 요소를 사전에 점검하는 사회적 분위기를 촉진한다. 누가 뭐라고 하지 않아도 나이가 들면 스스로, 또는 부모님이 고령이 되면 가족들이 집에서 무엇을 어떻게 바꿔야 하는지 생각해 보게 만드는 것이다.

일본에서는 이러한 사회적 환경 변화로 인해 최적의 개보수 설계를 제안하는 새로운 일자리가 생기고 전문 분야도 활성화되기 시작했다. 노인 친화적 설계 전문인 LIXIL, 다이와 하우스리폼, 파나소닉 에이징 디자인과 같은 리모델링 회사가 증가했고 고령자 주거 환경 평가와 베리어 프리 주택 상담, 조언을 하는 '복지 주거 환경 코디네이터' 등의 전문직도 생겨났다. 일본의 고령자를 위한 주택 개보수는 단순한 복지 차원을 넘어 산업과 일자리, 전문 인력의 생태계로 성장하고 있다. 또한 이러한 과

　　　　　　　　　　　　　'나답게' 늙어갈 수 있는 집

정에서 건설·설비·의료·복지 분야가 유기적으로 연결되어 많은 사람이 '자신이 살던 곳에서 계속 거주하기(AIP)'라는 꿈을 실현할 수 있도록 돕는다.

고령화 사회에 대한 준비를 이제 막 본격화하고 있는 한국도 시설 확대, 주택 공급에만 집중하지 말고 각 개인이 현재 살고 있는 집에서 노후를 보낼 수 있도록 함께 고민해야 할 때다. 개인은 자신의 노후를 위해 미리 어떻게 집을 고칠까 고민하고 정부는 효율적이고 현실적인 지원책을 논의해야 한다. 아프기 시작한 다음, 사회적 부담과 문제가 심각해진 이후에 당황하지 않도록.

(필자: 김정근)

'내 집에서의 노후'에 꼭 필요한 재택 돌봄 서비스
낮에는 '데이서비스', 힘들 때는 '방문 진료'

사람들이 집에서의 노후 생활을 걱정하는 가장 큰 이유는 아플 때, 사고가 났을 때에 대한 두려움 때문이다. 신체적인 안전이 확보되지 않으면 아무리 경제적인 여유가 있어도 불안할 수밖에 없다. 우선은 물리적으로 안전해야 심리적 안정도 행복도 꿈꿀 수 있다.

고령자 인구가 급증하면서 일본 정부가 '시설 확대'에서 '재택 지원'으로 방향을 전환할 때도 이러한 부분을 고려했다. 시설이 부족하니 그냥 집에서 지내라는 것이 아니라 집에서도 안전하게, 안심하고 지낼 수 있도록 하기 위한 서비스와 지원책을 고민했다. 시간은 많이 걸렸지만 지금은, 본인이 원한다면 집에서 노후를 지낼 수 있는 환경이 어느 정도 마련되었다.

이미 고령자 인구 비율은 크게 높아졌는데 아직 시설은 턱없이 부족한 한국도 시설 확대뿐 아니라 자신의 집, 지금까지 살던 동네에서 그대로 지낼 수 있도록 지원하는 제도를 더 고민해야 한다. 다음 사례들을 보며 이러한 생활을 위해서는 어떤 지원 서비스와 시설이 필요한지 생각해 보자.

'나답게' 늙어갈 수 있는 집 1

미야우치 씨(여성, 60세, 회사원)는 결혼 후에도 계속 함께 지내던 90세의 어머니가 작년 연말에 세상을 떠났다. 어머니는 매우 건강했지만 80세가 넘었을 때 유방암이 발견되었다. 나이에 비해 건강하고 체력이 좋았기에 의사와 상의해 수술을 했다. 수술은 성공적이었고 몸도 건강을 회복했지만 전신 마취의 영향인지 수술 후 가벼운 인지 장애, 즉 치매가 시작되었다.

평소에는 자신이 먼저 출근하고, 어머니는 집에 있다가 데리러 오는 차량을 타고 '데이서비스' 센터에 가서 저녁 5시쯤 돌아왔다. 퇴근하면 함께 식사하고 목욕을 돕고 잠자리에 드는 생활이 이어졌다. 그러던 어느 날 어머니가 차량이 오기 전에 혼자 집을 나가 길을 잃고 경찰서에 와 있다는 연락을 받았다. 그 후로는 어머니를 보내고 나서 출근했고 케어매니저와 상의해 토요일에도 데이서비스를 이용하도록 하였다. 간병하는 가족도 휴식이 필요했기 때문이었다.

달라진 생활에 어느 정도 적응될 즈음, 이번에는 어머니가 갑자기 쓰러졌다는 연락을 받았다. 병원으로 달려가니 '심장 대동맥 박리'라며 10시간에 가까운 긴급 수술을 시작했다. 어머니는 90세의 나이에도 또 한 번 대수술을 견뎌 냈고 퇴원 후 이전과 같은 일상으로 돌아올 수 있었다. 하지만 두어 달 후부터 점점 거동이 힘들어지더니 결국 침대에 누워 지내게 되어 낮에는 헬퍼(방문 요양사)를 부르고 퇴근하면 제대로 잠도 못 자고 간병하는 생활을 했다. 그렇게 약 3개월의 시간이 지난 후 어머니는 집에서 왕진 의사와 간호사, 가족이 지켜보는 가운데 눈을 감았다.

야나카 씨(52세, 남성, 회사원)는 현재 와상 환자가 된 어머니, 독신인 누나와 함께 살고 있다. 성인이 된 후에는 혼자 독립해 살았지만, 어머니의 치매가 심해지면서 누나 혼자 감당하기 힘들어져 6년 전에 혼자 살던 집을 팔고 작은 주택을 사서 세 식구가 함께 지내게 되었다.

어머니는 치매가 있었지만 합가한 초기에는 데이서비스를 다니고 누나도 조금씩 외출을 할 수 있었다. 하지만 2년 전 어느 날, 복부와 가슴의 통증, 미열 등이 계속되던 어머니는 담낭에서 문제가 발견되어 개복 수술을 받았다. 수술 후 체력이 크게 떨어지고 식사를 하지 못하자 병원의 제안을 받아 관을 통해 식사를 주입할 수 있는 위루관 삽입 수술을 받았다.

퇴원 후에는 24시간 간병이 시작되었다. 집에는 개호 보험을 이용해 욕창 방지를 위한 와상 환자용 침대를 대여해 설치했고 성인용 기저귀, 위루관을 통해 넣을 유동식 등을 정기적으로 주문하고 있다. 어머니의 컨디션에 문제가 없는 날에는 야나카 씨가 어머니를 업어 휠체어로 옮긴 후 데이서비스에 보내고 일찍 퇴근해 집에 돌아온 어머니를 다시 침대에 올려 눕힌다. 일주일에 한 번은 방문 서비스를 신청해 목욕을 시켜 드리고 정기적으로 의사와 간호사가 왕진을 오는 생활이 지금도 계속되고 있다.

사회적 제도와 지원이 필요한 재택 생활

위에 소개한 두 사례에서 이용한 서비스는 어떤 것이 있을까. 우선, 두 사람 모두 고령이 된 어머니를 모시면서 일부 지원금을 받아 집 안 곳곳에 손잡이를 설치하는 등 주택을 일부 수리했다. 그리고 일상생활에 문제가 생겼을 때는 가장 먼저 구청, 지역포괄케어센터 등을 통해 '케어매니저'를 소개받았다. 케어매니저에게 개호 등급(한국의 요양 등급)을 받는 법부터 등급별로 이용할 수 있는 서비스 종류 등에 대한 설명을 듣고 필요한 서비스 및 이용 횟수 등을 논의해 케어 플랜을 작성했다. 그 후에도 주기적으로 케어매니저와 상담해 필요한 서비스를 추가하거나 스케줄을 변경했다.

거동이 가능할 때까지는 가족이 경제 활동을 유지하고 일상생활을 계속할 수 있도록 매일 집 앞까지 오는 '송영 차량'을 이용해 낮 동안 돌봐주는 '데이서비스 센터'를 다니도록 했다. 그 후 거동을 할 수 없어 침대에서 지내게 되었을 때는 욕창 방지를 위한 전용 침대와 각종 기구들을 대여했고, 매일 낮 시간 동안 가족 대신 간병하러 오거나 주기적으로 목욕을 도와주러 오는 '헬퍼'를 불렀다. 병원에 가기 힘든 만큼 건강 상태는 의사와 간호사가 집으로 '왕진'을 와서 체크해 주었다. 이러한 서비스는 거의 모두 개호보험을 적용받아 자기부담금(10%, 소득이 일정 수준 이상인 경우는 20~30%)만 내고 이용할 수 있다. (참고로 일본은 40세부터 건강보험과 별도로 '개호 보험료'를 내며 금액은 지역마다 다르지만 보통 건강보험료의 11~12% 수준이다.)

이처럼 두 사례 모두 시설이 아닌 집에서 생의 마지막을 맞이했거나 현재 생활 중이지만 생각해 보면 이것은 그냥 본인이 원한다고 가능한 일이 아니다. 정기적으로 상담하며 돌봄 스케줄을 조정해 주는 케어매니저, 송영 차량을 운행하는 데이서비스 센터, 각종 간병 도구 대여 사업자, 집으로 찾아오는 헬퍼와 의사 등 수많은 서비스와 사람들이 필요하다. 이 중에서 개인이 할 수 있는 일은 안전을 위한 집 수리 정도일 뿐 나머지는 돈이 있다고 해도 제공해 주는 사업자, 기관이 없으면 이용할 수 없다.

물론 한국에도 이미 장기요양제도가 있고 사회복지사, 주간보호센터, 방문 요양보호사, 의사의 왕진 서비스 등이 있다. 하지만 아직은 수요에 비해 공급이 많이 부족하고 홍보도 부족하다. 중요한 것은 누구나 필요할 때, 부담 없는 비용으로 원활하게 이용할 수 있어야 한다는 점이다. 제도가 있다고 해도 제공되는 서비스의 '양'이 부족하거나 '질'이 보장되지 않거나 '비용'이 비싸다면 내 집에서 노후를 편안하게 즐기다가 편안하게 세상과 작별을 하기는 힘들다. 결국 집에서 노후의 마지막까지 지내려면 개인보다는 사회, 정부가 이러한 서비스를 유기적으로 연결해 수요에 맞는 규모로 운영하는 시스템을 만들어야 한다.

(필자: 나무)

'나답게' 늙어갈 수 있는 집 🏠

이웃과 도움을 주고받는 '서로 돕기 프로그램'
일상생활에 가장 필요한 소소한 지원

나이가 들면 집 안에서 아무런 문제없이 혼자 잘 지내다가도 몸이 아파 병원에 가기 어렵거나 쓰레기 봉투가 평소보다 무거워 들기 힘들어서, 혹은 손목이 아파 병뚜껑 하나 여는 일이 벅차서 누군가에게 도움을 청하고 싶을 때가 있다. 어떤 날에는 혼자서 밥을 먹는 것이 외롭고 챙겨 먹는 일이 버겁게 느껴지는 날도 있다. 이러한 일상의 작고 소소한 불편함이 반복되면 마음이 불안해져 어느 날 요양원 입소라는 큰 결정을 내리기도 한다.

혹시 주변에서 누구가의 도움을 받을 수는 없을까

혼자 살기에는 조금 버겁지만 아직 누군가의 전적인 보호가 필요하지는 않은 때라는 것은, 달리 말하면 '작고 소소한 도움'만 있으면 충분히 혼자 생활할 수 있다는 의미이기도 하다. 가족이 함께 있다면 병뚜껑 하나 여는 일쯤이야 곤란한 일이라고 느끼지 않고 지나칠 수 있지만 나이가 들어 약해진 몸으로 혼자 지내다 보면 오히려 이러한 작은 일들 때문에 지치고 우울해지기 쉽다. 이런 상황이 되면 "멀리 있는 가족 말고 가까운 곳에서 누군가의 도움을 받을 수는 없을까? 그렇다면 굳이 시설에 들어가지 않고 충분히 혼자 살 수 있을 텐데"라며 한숨을 쉬게 된다.

일본 도치기현 우쓰노미야시에 위치한 종합 복지 시설 '후레아이코프' 와 도쿄 외곽에 있는 대규모 아파트 단지 '다마가와 주택'은 서로 조금 다른 방식으로 이러한 사람들의 상상을 현실로 만들었다. 전자는 제도화된 복지 플랫폼을 구축했고 후자는 같은 단지 내 이웃 간의 느슨한 연대를 활용해 '작은 도움이 이주를 막을 수 있다'는 가능성을 보여 주었다.

'서로서로' 연결되는 느슨한 돌봄

4장에서 소개한 복합 돌봄 시설 '후레아이코프'는 시설 운영에 더해 지역 내 주민들이 소소한 도움을 주고받는 프로그램 '오타가이사마('서로 마찬가지'라는 의미)'도 운영하고 있다. '누구나 도움을 받을 수 있고, 누구나 도움을 줄 수 있다'라는 전제에서 출발한 이 프로그램은 지역 주민들이 참가하는 유상 자원봉사 프로그램이다.

병원 동행, 간단한 집 정리, 장보기 대행처럼 작고 소소한 도움을 요청하면 '오타가이사마' 사무국이 도움을 줄 사람과 매칭해 준다. 도움 요청자는 1시간당 800엔을 지불하고 자원봉사자는 600엔을 받는다. 남은 200엔은 주민 간에 도울 수 있는 내용인지 판단하고 적절한 사람을 선택해 연결하는 사무국 운영비로 사용된다. 사무국은 중개소 역할에 더해 봉사 지원자를 교육하고 이용자와의 관계를 모니터링해 지역에서 신뢰를 높이는 활동도 함께하고 있다. 2014년 시작되어 지금까지 안정적으로 운영되고 있다.

 '나답게' 늙어갈 수 있는 집 **1**

'봉사라면서 유료인 건가?'라는 생각을 할 수도 있지만 이것은 봉사 활동이 지속되기 어려운 이유, 이용자들의 마음 등 다양한 요소들을 고려해 참여를 늘리고 활동을 장기적으로 지속하고자 해외에서도 활용하는 방식이다. 대부분의 자원봉사는 처음에 매우 좋은 마음으로 시작하지만 작은 이유들로 쉽게 중단하는 경우가 많고 도움을 청하는 사람들은 횟수가 많아지면 미안함에 연락을 주저하게 된다. 하지만 단 몇 백 엔이라도 돈을 지불하면 봉사자에게는 소소한 즐거움이 더해지고 부탁하는 사람은 마음의 부담이 줄어 좀 더 편안하게 도움을 주고받을 수 있다.

도움을 받는 일에 익숙해진다는 것

디지털에 익숙하지 않은 고령자들을 고려해 서로 돕기 프로그램을
홍보하는 종이 소식지도 발행하고 있다.

이처럼 '오타가이사마' 프로그램은 자원봉사의 지속 불가능성이나 무급 노동의 한계를 넘어서려는 시도인 동시에 도움에 익숙하지 않은 주민들이 '돌봄'의 관계 안으로 들어올 때 느끼는 마음의 벽을 낮추는 역할을 하기도 한다. 고령자가 되기 전부터 도움을 주고받는 일에 익숙해지면 이후에 돌봄을 받게 되었을 때 넘어야 할 벽이 낮아질 수 있기 때문이다.

후레아이코프는 이와 함께 '안심 지원 시스템'도 운영한다. 사람들의 교류와 돌봄 활성화를 위한 프로그램이다. 체조 교실, 아동 학습 지원, 치매 카페, 푸드뱅크 등 다양한 활동을 하나로 묶어 운영하며 시설 입주자뿐만 아니라 지역 내 고립 가구나 돌봄 공백 가정까지 적극 찾아 참가를 유도한다. 단지 요청에 응하는 것이 아니라 먼저 찾아가 지원하는 구조다. 지역 대학 및 연구 기관과 협력해 수요를 조사하고 프로그램을 개발하는 것도 이 법인의 주요 역할 중 하나였기에 만들어질 수 있었던 시스템이라고 할 수 있다.

고령자의 돌봄을 이야기할 때는 대부분 각종 제도와 서비스, 비용 등을 논의하지만 사실 보이지 않는 큰 문제 중 하나는 많은 사람들이 누군가의 도움, 돌봄에 익숙하지 않다는 점이다. 누군가의 돌봄을 불편하게 느끼는 마음은 결국 좋은 제도가 있어도 이용을 꺼리게 만들고 시설에 들어갈 경우 경계하는 태도로 요양 보호사들을 힘들게 만든다. 하지만 평소 생활에서 '오타가이사마', '안심 지원 시스템'과 같은 프로그램을 통해 도움을 주고받고 소통하는 것에 익숙해져 있으면 나이가 들어 돌봄을 받게 되었을 때도 조금 더 자연스럽게 받아들일 수 있다.

고령화된 아파트 단지의 또 다른 미래

비슷한 프로그램을 또다시 만난 곳은 다음 페이지에서 소개할 대규모 아파트 단지 '다마가와 주택'을 방문했을 때였다. 이곳 자치회에서는 주민들이 서로 돕는 프로그램인 '다마노테(たまのて: '다마의 손'이라는 의미)'를 운영하고 있었다. 전구 교환, 물건 이동, 인터넷 세팅 등 간단한 도움이 필요하다고 연락하면 도움을 줄 수 있는 사람과 연결해 준다. 이용료는 100엔 단위의 회수권을 미리 구입해 내용에 따라 정해진 매수를 지불하는 방식이다.

후레아이코프의 '오타가이사마'와 다른 점은 서비스를 기획하고 운영하는 주체가 어떤 시설이나 단체가 아닌 단지 내 자치회, 즉 주민이라는 사실이다. '다마노테'는 아파트 단지 주민이 스스로 필요성을 느껴 기획하고 운영하기 시작했다. 돌봄을 받는 사람이 스

오랜 세월을 함께해 온 단지와 이웃들을 아끼는 마음으로 꾸준히 자치회 활동을 이어 가고 있다.

스로 만든 서비스, 도움을 받는 사람이 때로는 도움을 주는 역할을 맡기도 하는 서로 돌봄 프로그램은 가장 이상적인 형태가 아닐까.

이곳에서 또 한 가지 관심을 끌었던 것은 '도움 제공자의 범위 확대'였다. 지역사회 복지법인 '마음 센터'와 협력해 히키코모리(은둔형 외톨이), 자폐 스펙트럼 보유자, 정신적인 어려움에서 회복 중인 사람들이

'중간 취업' 형태로 돌봄에 참여할 수 있도록 했다. '마음 센터'의 담당자는 "대인 관계에 어려움을 겪는 이들이 물건을 함께 옮기고 적은 돈을 받으면서 일과 함께 관계도 배우고 있다"라며 서로에게 크게 도움이 되고 있는 다양한 사례를 이야기해 주었다.

이처럼 '다마노테'는 오래된 단지에서 사라져 가는 주민 간 교류 회복, 고령화된 이웃들에 대한 돌봄, 지역사회 내의 사회적 고립과 일자리 문제까지 모두 아우르는 활동이 되고 있다. 아직은 소수가 참여하는 작은 활동이지만 꾸준히 하다 보면 참가하는 사람들이 늘어 규모가 커지고 단지도 다시 활성화될 것으로 믿고 있다. 활동을 주도하는 주민 자치회는 활동을 더 체계화하고 오랫동안 지속하기 위해 2024년에 '호토리토 다마가와'라는 주식회사를 설립했다. 단지가 재건축되어 환경이 달라져도 서로 돕기 활동 등을 계속 이어 나가기 위해 생각해 낸 방안이었다.

삶을 유지하는 가장 큰 힘은 '작은 도움'

이웃의 반찬 나눔, 안부를 묻는 짧은 방문은 제도화하기 어려운 일이지만 실제 생활에서는 매일의 일상과 감정을 지탱하는 실질적인 기반이 된다. '조금 불편하지만 아직은 괜찮은' 상태에서 요양원이라는 큰 결정을 내리기 전에 머물 수 있는 완충지대. 후레아이코프와 다마가와 주택은 서로 다른 방식으로 이 완충지대를 만들어 내고 있었다.

후레아이코프가 제도적 기반 위에 새로운 구조를 설계했다면 다마가와 주택은 일상 속 관계에서 살아 움직이는 네트워크를 만들어 냈다. 후

'나답게' 늙어갈 수 있는 집 ❶

레아이코프의 '안심 지원 시스템'은 지역 주민, 대학, 복지 기관이 연결된 플랫폼 구조를 활용해 개인들이 필요로 하는 것을 지역사회가 제공할 수 있는 틀을 마련했고 다마가와 주택의 자치회는 행정의 지원 없이도 수십 년에 걸쳐 주민 조직을 유지하며 스스로 돌봄의 방식을 찾아냈다. 제도와 공간, 주체가 다름에도 두 모델은 모두 '조금 더 오래, 지금 이 자리에서' 살 수 있도록 하는 실험이었다. 이처럼 제도화되지 않더라도 '작은 도움'이 일상 속에 스며들 수 있는 방식은 분명 존재한다.

일상은 거대한 결정보다, 매일의 작은 요청과 이에 대한 응답으로 이루어진다. 지금까지의 정책이 돌봄을 '시설'이나 '서비스'로만 논의했다면 이제는 관계가 지속되는 구조, 요청이 응답되는 조건을 고민해야 할 때다. '요양원 입소'와 '집에 계속 머무는 것' 사이에는 분명히 제3의 공간이 필요하다. 그 공간은 완전히 새로운 것이 아니라 우리가 살고 있는 아파트 단지, 이웃 사이에서 만들어질 수 있다. '아직은 괜찮다'라는 말이 '이곳에서 계속 살아도 된다'라는 확신으로 바뀌는 순간, 사람들은 조금 더 오래, 지금 자신이 있는 자리에서 계속 살아갈 수 있다.

(필자: 박소정·나무)

주민들이 변화를 주도하는 아파트 단지 '다마가와 주택'
60년간 함께 살아온 이웃들이 만드는 미래

한국은 이제 전국 어디를 가나 대규모 아파트 단지가 보인다. 지은 지 20년만 지나도 서서히 재건축 이야기가 나오고 낡은 아파트가 허물어지면 그 자리에 더 높고 더 넓은 단지가 생겨난다. 똑같이 생긴 아파트 단지로는 차별화하기 힘들어서인지 최근에는 단지 내에 식당, 헬스장, 골프연습장을 비롯해 각종 커뮤니티 시설을 도입하는 사례가 생겨나고 있다. 운영만 잘하면 노후에 먼 곳에 있는 시설에 입주하지 않고 내가 살던 아파트에서 그대로 살 수 있을 것 같은 느낌이 든다. 하지만 각종 시설과 서비스만 있으면 정말 노후에도 편안한 아파트가 될 수 있을까?

60년의 세월이 지났어도 깔끔하게 관리되고 있는 단지 풍경

'나답게' 늙어갈 수 있는 집 ①

일본은 여러 사정과 특성상 대규모 재개발이 많지 않다. 특히 도쿄 등의 대도시에서는 한국과 같은 대규모 아파트 단지를 찾아보기 어렵다. 대부분이 건물 하나로 구성된 '나 홀로 아파트' 또는 저층 빌라, 단독 주택이다. 사실 그래서 일본과 한국은 주거 환경을 비교하거나 서로 참고하기가 쉽지 않다.

하지만, 도쿄의 중심지에서 살짝 벗어난 곳에는 한국도 참고할 만한 대규모 아파트 단지가 몇 곳 존재한다. 그중 하나가 과거에 정부가 주도해 분양한 '다마가와 주택'이다. 도쿄 중심지에서 조금 떨어진, 다마강 인근에 있는 다마가와 주택은 1960년대에 '도쿄도 주택공급공사'가 조성한 중산층용 아파트 단지다. 33만 4,000㎡의 부지에 총 88개 동이 있는 초대형 단지로서 주택공사가 운영하는 임대 주택 2단지, 개인이 소유하는 분양형 주택 4단지로 나누어져 있고 주민들이 사용할 수 있는 넓은 야구장과 놀이터, 공원 등도 조성되어 있다.

주택공급공사는 일부 임대 주택을 제외하고는 모두 장기 임대 후 소유권을 넘겨주는 방식으로 분양했다. 도쿄에서는 보기 드문 대규모 단지로서 과거에는 활발한 주민 자치 활동으로도 유명했던 곳이다. 자치회가 주도해 단지 내 운동회, 축제 등을 열었고 평소에도 주민들로만 조직된 야구팀이 10개에 달할 정도로 이웃 간의 교류가 활발해 어디에서나 사람들의 이야기 소리가 들려왔다.

자연스럽게 형성된 고령자 마을

입주할 때는 경쟁률도 높았다. 당시로서는 드물게 욕실과 양식 화장실을 갖춘 최신식 주택으로 주목받았기에 당첨되었을 때는 주변에 전화해 자랑을 하기도 했다고 한다. 저소득층이 아닌, 중상층을 위한 단지였다고 할 수 있다. 하지만 60년 가까운 세월이 지난 지금은 모습이 사뭇 다르다. 오랜 세월에 시달리며 건물은 노후화되었고 입주 당시 활발하게 사회 활동을 하며 아이들을 키우던 20~30대 주민들은 힘없는 80대의 노인이 되었다. 중간에 이사를 나간 집들도 있지만 살던 집에서 그대로, 혹은 단지 내에서 이사해 살고 있는 사람이 많아 단지는 자연스럽게 '고령자 마을'이 되었다. 인위적으로 고령자를 모아 만든 시설이 아니라 자연스럽게 생겨난 고령자 단지인 셈이다.

단지 내에 고령자가 많다 보니 데이서비스 시설의 송영 차량이 하루에도 몇 번씩 단지 곳곳을 오간다. 고령자와 주민 생활 지원의 거점 역할을 하는 '지역포괄센터' 관계자, 복지 센터의 담당자들도 일상처럼 다마가와 주택을 드나든

데이서비스 센터 차량이 오가는 모습도 일상이 되었다.

다. 내 집에 살면서 낮에는 인근의 데이서비스 센터에 다니거나 방문 서비스를 받으며 생활하는 사람이 많다. 주민들이 직접 기획해 운영하는 체조, 노래, 서예 교실 등 함께 즐기고 어울리는 활동도 다양하다. 각종

'나답게' 늙어갈 수 있는 집 🚩

고령자 시설에서 운영하는 내부 프로그램들과 크게 다르지 않다. 고령자 시설은 돈을 내고 입주해 '건물 안에서' 돌봄을 받는 구조라면 이곳은 내 집이 있는 '단지 내에서' 돌봄을 받는 구조라고 할 수 있다.

단, 이곳은 어디까지나 시설이 아닌 주거용 아파트 단지다. 게다가 1960년대에 지어진 건물은 엘리베이터가 없는 5층 구조이고 본래 고령자들을 위해 만든 곳이 아니기 때문에 곳곳에 단차, 둔턱 등도 많다. "젊을 때는 5층이 좋았지만 이제는 계단 때문에 1층이 더

젊을 때는 문제가 없었던 계단도 나이가 들면 정든 단지를 떠나 이사할 수밖에 없는 이유가 된다.

좋아요"라는 어느 입주민의 말처럼 고령자에게는 계단 하나도 큰 부담이 된다. 다행히 임대 주택에 입주해 있는 사람들은 계단을 오르내리기 어려워지면 1층에 빈집이 나오길 기다렸다가 이사할 수 있다.

나이가 들어 몸이 약해져도 정든 단지 내에서 계속 생활할 방법이 있는 것은 반가운 일이지만 아쉽게도 단지 내 이사가 모두에게 가능한 것은 아니다. 거동이 더 불편해져 휠체어를 타게 되면 단차, 계단 등이 문제가 되어 아쉬운 마음을 안은 채 떠날 수밖에 없다.

재건축을 단지의 해체가 아닌 '전환'의 기회로

일본에는 지은 지 40~50년 된 건물이 흔하기는 하지만 60년이 가까워

재건축을 끝내고 입주한 '시티테라스 다마가와'는 이름뿐만 아니라
외관도 기존 단지와는 전혀 다른 모습이 되었다.

진 건물을 언제까지나 그대로 유지할 수는 없다. 그래서 지금은 재건축을 진행 중이다. 임대 동들은 주택공사가 다른 지역 단지들까지 포함해 순차적으로 계획을 세워 재건축을 추진하고, 분양 동들은 개인이 소유권을 갖고 있기 때문에 주민 동의를 거쳐 재건축을 진행한다. 현재 두 개의 단지는 재건축을 끝냈고 가장 먼저 입주를 마친 곳은 '시티테라스 다마가와'라는 이름으로 과거의 기억을 이어 가고 있다. 재건축은 입주민 80% 이상의 동의가 필요하고 공사하는 몇 년간 다른 곳에서 임시 거주할 때의 비용은 각자 알아서 마련해야 한다. 경제적 부담, 혹은 몇 년을 기다리기에는 너무 많은 나이 등을 이유로 고령자들 일부는 재입주를 포기했지만 많은 주민들이 다시 돌아왔다.

이곳에서 특히 흥미로웠던 점은 고령화와 재건축이라는 현실적 문제를 단지의 해체가 아닌 '전환'의 기회로 삼은 부분이었다. 과거와 달리 단

'나답게' 늙어갈 수 있는 집 **1**

몇 명만이 모여 봉사의 마음으로 조촐하게 이어 가고 있는 주민 자치회가 변화를 주도하고 있다. 인원이 적어 자치회 사무실에 상주하기보다는 대부분 휴대폰으로 주민들의 문의, 도움 요청을 받지만 오랫동안 함께 살아온 단지가 해체되지 않도록 끈기 있게 활동을 이어 가고 있다.

입주 초기부터 있었던 주민 자치회는 시간이 지나 분양 주택의 소유권이 개인에게 이전된 이후 관리조합과 공존하며 단지를 이끌어 왔다. 하지만 최근 재건축을 마친 곳들은 명칭과 구조가 달라지고 각각 별도의 관리조합이 생겨 기존 단지와 분리되었다. 같은 자리에 있지만 이제 더 이상 '다마가와 주택'이라는 하나의 단지가 아닌 것이다. 그런 만큼 단지 전체를 아우르는 주민 자치회를 유지하기도 어려워졌다. 게다가 현재는 법이 달라져 관리조합이 직접 주민 자치회에 돈을 지급할 수 없다는 점도 걸림돌이 되고 있다. 과거에는 입주와 동시에 자치회에 가입되고 회비를 관리비에 포함해 받았지만 지금은 자치회가 별로도 가입 신청을 받고 회비를 걷어야 한다.

60년간 이웃과 교류하며 다마가와 주택에 애정이 깊어진 주민들은 재건축으로 인한 단지의 해체를 바라지 않았다. 그래서 재건축 이후에도 교류를 계속하고 '다마노테'라는 주민 간 서로 돕기 활동을 더 체계화하고자 자치회 연합을 꾸렸다. 2024년에는 '호토리토다마가와'라는 주식회사도 설립했다. 현재는 '다마노테' 활동을 통한 소액의 수입이 전부이지만 앞으로는 단지 내 택배 대행, 정부 시책 홍보, 돌봄 서비스 연계 등을 수주해 수익을 만들 계획이다. 자치회 대표인 세키 아키히로 씨는 "대규모 단지라는 특성을 활용해 자동 배송 로봇 등 기업의 신기술 실험장으로 활용할 수 있지 않을까? 지금은 시작 단계이지만 생각해 보면 가능한 일이 많을 것"이라고 말했다.

아파트 천국인 한국에서 참고할 만한 사례

다마가와 주택 사례에서 주목할 점은 고령화된 주민 간의 서로 도움, 외부 돌봄 기관과의 연계, 재건축 이후의 주민 연계 지속 등을 자치회, 즉 주민들이 직접 주도하고 있다는 점이다. 이러한 방식은 일본 고령자 주거 모델의 전통적인 이미지와도 다르다. 공공 기관이나 복지 법인이 서비스를 기획해 일방적으로 제공하는 것이 아닌 거주자들이 스스로 만든 인프라와 관계망 속에서 필요한 도움을 주고받고, 필요하면 외부에 도움을 요청하는 자치 기반의 복지 실험이라 할 수 있다.

다마가와 주택은 특별한 계획 없이 만들어진 민간 아파트 단지였지만 주민 자치회가 중심이 되어 공동 식사, 취미 활동, 고령자 지원 프로그램 등을 자발적으로 운영해 왔다. 물리적 환경은 평범했지만, 관계의 밀도 는 평범하지 않았다.

이러한 모습은 미국의 일부 NORC(Naturally Occurring Retirement Community) 모델과 유사하다. NORC도 본래 고령자 전용이 아니었지만 시간이 지나며 자연스럽게 고령화된 주거 단지에서 주민 중심의 돌봄 체계가 형성된 모델을 말한다(Burns & Lutzky, 2006). 특히 뉴욕의 '펜 사우스(Penn South), 오하이오주의 '레이크우드(Lakewood)'는 지역 정부나 비영리 기관이 일부를 지원하면서 주민이 주도하는 자치 활동과 상호 돌봄을 중심으로 운영하고 있다.

한국에서는 이러한 '일반 주택형 고령자 공동체'를 아직 찾아보기 어렵다. 한국의 임대아파트 단지에서는 사회복지관이 중심이 되어 다양한 서비스를 제공하지만 대부분 외부 공급자 중심이고 자율적인 주민 참여는 구조적으로 제한되어 있다. 또한 민간 아파트 단지는 대부분 공동체 형성의 구심점 자체가 없다. 대안적인 시도로 입주자들이 협동조합을 설립해 주택 공급과 운영에 주체적으로 참여하는 사례가 있지만 아직 널리 확산되지는 못하고 있다.

다마가와 주택은 특히 전국의 주거가 아파트 중심인 한국에서 참고할 만한 사례가 될 수 있다. 고령 인구가 빠르게 증가하고 대규모 고령자 시설 확충이 어려워 '시설 밖의 복지'를 고민하는 상황에서 고려해 볼 수 있는 실질적인 대안이 아닐까. 다마가와 주택 자치회의 임원은 "이 단지는 복지 시설이 아닙니다. 그래서 오히려 가능성이 있어요. 생활 속에서 필요한 도움을 직접 제안해 조직화하고 그 틀을 자치회가 운영하는 방식은 일본에서도 드문 사례입니다"라고 강조했다. 인구의 고령화에 비해 정부 시책이 더딘 한국에서 주민 자치회를 활용한다면 돌봄 서비스와 실제 도움이 필요한 사람들을 연결하는 시스템을 조금 더 빠르게 마련할 수 있을 듯하다.

(필자: 박소정 · 나무)

돌봄 서비스가 있는 휴식처 '오노미치 할머니와 나 호텔(尾道のおばあちゃんとわたくしホテル)'
여행과 돌봄의 교차점, 안심하고 편히 쉬는 시간

시설이 아닌 내가 살던 집에서 노후를 보낸다는 것은 집 안에 갇혀 살 겠다는 의미가 아니다. 내 집에서 사는 만큼 아무 때나 원하는 곳에 가고 마음이 움직일 때는 훌쩍 여행도 갈 수 있는 그런 자유를 계속 누리고 싶 은 마음이 담긴 선택이다. 단지 집 안에만 머문다면 시설 안에 갇히는 것 과 크게 다르지 않다.

하지만 나이가 들어 체력이 떨어지고 몸이 다소 불편해지면 밖에서 오 래 돌아다니지 못하고 낯선 곳에서 위급한 상황이 생길까 걱정이 되는 마음은 어쩔 수 없다. 가족들도 마찬가지다. 거동이 자유롭지 못하거나 체력이 많이 떨어진 사람과 함께 여행을 떠나기는 쉽지 않다. 이럴 때 만 약 돌봄 서비스를 제공하는 호텔이 있다면 어떨까? 조금은 안심하고 쉬 러 갈 수 있지 않을까?

이번 견학에서 마지막으로 방문한 곳이 바로 그런 곳이었다. 장기요양 콘셉트로 만든 '할머니와 나 호텔'은 돌봄 서비스를 제공하는 개호 시설 이 병설되어 있어 고령의 가족과도 안심하고 머물 수 있는 곳, 편안하지 만 여행의 설렘도 함께 느낄 수 있는 이색적인 공간이었다.

슬로우 럭셔리로 나와 가족을 보듬는 곳

히로시마현 오노미치시에 있는 한적한 동네, 우리는 어떤 간판 앞에서 발걸음을 멈췄다.

'오노미치 할머니와 나 호텔'.

작지만 특별한 이 숙소는 '주야간 보호'와 '단기 보호' 서비스를 제공하는 개호 시설 옆에 묵직한 존재감으로 자리하고 있

개호 시설이 병설된 호텔 입구 풍경

었다. 얼핏 보면 일반 주택 같지만 '슬로우 럭셔리(slow luxury)'라는 개념을 중심에 둔, 돌봄이 있는 호텔이다.

이곳에서는 모든 것이 1/4의 속도로 흐른다. 할머니, 할아버지와 이야기하고 산책하면서 휴식을 취하기 위해서는 빠름보다는 관심과 기다림이 필요하기 때문이다. '나이 든 할머니와 함께 천천히, 깊이, 더 오래 느끼며 걷고 쉬고 이야기할 수 있는 공간이다. 체크인은 개호 시설에서 이루어진다. 호텔에 들어서면 나직하게 들려오는 인사말은 항상 이렇게 시작된다. "어떻게 불러 드리면 좋을까요?" 투숙객들에게 그냥 이름이 아닌, 자신이 원하는 '나다운' 호칭으로 불릴 수 있도록 선택권을 주는 첫 인사부터 평범한 호텔이 아니라는 느낌을 받았다.

도움이 필요해져도 불안하지 않은 여행

이곳은 요양 보호가 필요한 가족과 함께 와도 불안하지 않다. 보호, 도움이 필요한 순간에는 호텔 바로 옆에 있는 개호 시설의 스태프들이 언제든 돌봄 서비스를 제공해 줄 수 있기 때문이다. 며칠간의 여행뿐만이 아니다. 이곳에서 임종을 맞이하길 원하는 경우에는 인생의 마지막 시간을 보낼 수도 있다. 임종이라는 인생의 마지막 여정 앞에서 주변 가족들도 마음의 준비를 하며 하루하루를 함께 지낼 수 있다. 그럴 때 이곳은 삶의 끝을 위한 장소가 아니라, 가족이 함께 인생의 여정을 나누는 '소중한 일상'의 공간이 된다.

'할머니와 나 호텔'은 단순한 숙소가 아닌, 언제든 돌봄 서비스를 받을 수 있어서 낯선 곳에서도 안심하고 '집처럼' 머물 수 있는 휴식처였다. 또한 여행지에서 평소 돌봄으로 지쳤던 보호자도 휴식을 취하면서 돌봄을 받는 가족과 더 친밀한 관계를 맺을 수 있는 환경이 마련되어 있다.

휴식, 돌봄 모두에 어울리는 공간 설계

건물에 들어가 가장 먼저 느껴진 것은 따뜻함이었다. 나무 소재의 가구에서는 은은한 온기가 배어 나왔고 통나무 창을 통해 들어오는 부드러운 햇빛은 온기로 방을 감쌌다. 편안하고 넓은 소파와 따뜻한 조명은 누군가와 이야기를 나누고 싶은 마음이 들게 했다. 낮은 손잡이에 감긴 가죽, 높은 천장과 밝은 햇살, 벽마다 붙어 있는 좋은 글귀 등 모든 요소에서 '촉감의 배려'와 '감성의 손길'이 느껴졌다.

창가 쪽 책상에는 '48가지 마음 처방전'이라는 이름표가 붙어 있는 작은 서랍장이 있었다. 작은 서랍에서 자기에게 맞는 마음 처방전 쪽지를 받아 볼 수 있다. 그리고 옆에는 낡은 편지지, 펜한 자루와 함께 이런 문구가 쓰여 있었다. "오래된 기억 하나를 꺼내 보는 건 어떠세요?". 투숙객이 자신의 고민을 글로 적어 서랍장에 넣어 두고 가면 며

입주해 있는 고령자에게 상담 편지 쓰기

칠 뒤 개호 시설에 있는 어르신들이 정성껏 쓴 손 편지가 집에 도착한다. 낯선 이에게 받는 따뜻한 응답, 그것만으로도 마음이 조금씩 풀린다.

밤이 되면 호텔 앞 정원에서 할머니, 할아버지 들이 모닥불을 피워 놓고 불을 쬐며 앉아 별을 바라보거나 손주 같은 여행자와 소소한 이야기를 주고받기도 한다. 낮에는 동네 아이들이 개호 시설에 있는 작은 도서관에 와서 책을 읽고 언제든지 정원에 들어와 놀 수 있다. 노인과 아이들이 마주 앉아 이야기하는 모습은 오래전 우리나라에서도 흔히 볼 수 있는 마을 풍경이었지만 사회와 주거 환경이 많이 달라진 지금은 좀처럼 보기 어려워 신선하게 느껴졌다. 이처럼 이곳에서는 조금은 느린 속도로 삶이 이어지고 돌봄과 쉼, 대화와 사유가 자연스럽게 뒤섞인다. 간판을 보지 않아도 '할머니와 나'라는 말이 떠오를 듯하다.

이 외에도 소소하지만 깊은 의미가 있는 제안, 지친 몸을 쉴 수 있는 공

모닥불 앞에서 별을 보며 이야기를 나눌 수 있는 곳

간, 일상의 감정들을 보듬어 마음이 머물게 하는 디자인이 곳곳에 숨어 있다. 이곳에서 보내는 시간은 잊었던 나 자신, 접어 두었던 나의 진심을 되찾게 한다. 타인의 시선이 아닌 내 시선으로 나를 바라보게 만드는 곳, 생활에 쫓겨 잊고 지내던 '나다움'을 다시 만나는 신선한 휴식처이다.

'할머니와 나 호텔'은 여행과 돌봄이 교차하는 공간이었다. 여행을 즐기다가 필요할 때는 돌봄을 받을 수 있는, 여행 같은 삶을 천천히 원하는 속도로 느끼고 즐기고 마무리할 수도 있는 호텔이 일본의 어느 조용한 도시의 한편에 존재하고 있었다.

'노후에 집에서 그대로'란 어떤 의미일까

고령화 시대가 되면서 돌봄과 여행은 공존할 수 없는 꿈처럼 여겨져 왔다. 하지만 모두가 건강한 사회를 만들려면 돌봄을 주는 사람, 받는 사람이 함께 휴식을 즐길 수 있는 환경을 만들어야 한다. 그렇지 않으면 가족 모두가 피폐해지고 자신을 위해 선택한 '집에서의 노후'가 창살 없는 감옥처럼 답답하게 느껴질 수 있다.

할머니와 내가 모두 편안하게, 아픈 가족이나 친구도 안심하고 함께 머무를 수 있는 호텔. 한국에서도 이런 '호케어(호텔+케어)'가 가능할까. 돌아오는 기차 안, 돌봄의 순간들이 여행이 되고 여행의 기억이 온전한 쉼이 되는 그런 곳을 만들고 싶다는 마음이 들었다. 그리고 그곳이, 누군가의 '집'이 될 수 있다면 더욱 좋겠다. 단순한 휴식 공간을 넘어 마음의 안식처가 되고 마지막까지 나를 있는 그대로 받아 주는 곳에서 나이가 들어가는 시간을 편안하게 받아들이는 여행을 할 수 있게 될 날을 상상해 본다.

(필자: 김정근)

노후 생활에서도 뚜렷한 '도시와 지방의 불공평'

와타나베 유이치

무사시노 대학 사회복지학과 교수

　일본도 고령자들의 주거 상황은 개인에 따라 많이 다르다. 단독 주택이나 빌라를 소유한 사람도 있고 월세를 내고 사는 사람도 있는가 하면 집을 안전하게 개조해 돌봄 서비스를 받으며 생활하는 사람, 아직 혼자 생활이 가능한데도 미리 고령자 시설에 들어가 지내는 사람도 있다. 고령자가 들어갈 수 있는 시설은 특별양호양로원, 그룹홈, 고령자 주택, 유료노인홈, 컬렉티브하우스 등 종류가 꽤 다양하다. 자신의 신체, 경제, 심리적 상황에 따라 고를 수 있는 선택지가 결코 적지 않다는 뜻이다.

　하지만 '몇 살이 되어도 계속 살고 싶은 곳', '내가 인생의 마지막을 맞이하고 싶은 곳'을 묻는 앙케트를 보면, 대부분의 조사에서 50~60%가 '자택'에서 임종을 맞이하고 싶다고 답한다. 과거에 비해 몇 배로 많은 종류, 많은 수의 시설들이 생겼지만 여전히 절반 이상의 사람들이 자택, 즉 '정든 장소에서 계속 생활하고 그곳에서 인생의 끝을 맞이하는 것'을 원한다.

살던 동네에 계속 산다는 것은 당연한 듯하지만 현실을 보면 결코 그렇지 않다. 일본의 '인구동태 통계'에 따르면 2023년 시점에 자택에서 삶을 마무리한 사람의 비율은 전체의 17%에 불과해 그 바람을 실현하는 것이 쉽지 않다는 것을 알 수 있다. 마지막 순간에 병원에 실려가 입원한 상태로 마지막을 맞이할 수도 있고, 질병 치료를 위해 입원했다가 자택으로 돌아오지 못하고 시설 입소를 선택할 수밖에 없는 경우도 있다. 이유는 본인의 희망이 존중되지 않는 것, 가족이 의사결정에서 강한 권한을 갖는 것, 의료 관계자를 비롯해 전문가의 판단이 우선되는 것 등을 생각할 수 있다.

그렇다면 마지막 순간 전까지의 노후를 정든 곳에서 계속 지내는 것은 어떨까. 고령기에는 새로운 환경에 적응하는 힘이 떨어지는 경향이 있고 이사 등으로 생활 환경이 바뀌는 것은 생활의 질이 저하될 리스크가 크다. 오랫동안 살아온 곳에서 계속 지낼 수 있는지 여부는 고령기의 행복감에 큰 영향을 주기에 같은 곳에서 지내는 것이 좋지만 아쉽게도 이 역시 누구에게나 가능한 일은 아니다.

특히 노후를 정든 곳에서 보내기에 불리한 지역들이 있다. 예를 들어 중산간 지역이나 낙도에 위치한 마을은 고령화율(65세 이상 인구가 전체 인구에서 차지하는 비율)이 50%를 넘어 한계 지역으로 여겨지는 곳이 대부분이다. 필자는 사회 구조 변화로 인해 만들어진 상황이라는 관점에서 이러한 지역을 한계의 끝까지 몰린 '주변화 마을(周緣化集落)'이라고 표현한다. 이러한 마을의 주민들은 아무리 원해도 마을에 계속 살기가 매우 어렵다. 생활을 계속하기 위해 필요한 것들을 구할 수 없는 환경이기 때문이다.

　여기서는 오래 전부터 필자가 직접 관여하고 있는 한 지역을 소개하려 한다. 도쿄 중심부에서 고속도로를 타고 2시간 반 정도를 달리면 나타나는 산간지, 산과 산으로 둘러싸인 계곡에 위치한 마을이다. 지형에 맞춰 집들은 모두 언덕 중간에 서 있고 외부에 나가려면 대부분 가파른 언덕을 내려가야 한다. 이것은 무릎에 통증이 있는 고령자들을 집에 은둔하게 만드는 요인 중 하나다. 인구는 한때 2,500명을 넘었지만 제1차 산업(특히 임업)의 쇠퇴를 비롯한 사회 구조의 변화에 따라 인구 감소와 저출산 고령화가 심화되어 현재는 약 250명이 살고 있다. 고령화율은 약 65%, 그중에서도 75세 이상의 비율이 50% 수준이다. 이전에는 마을이 하나의 지자체로서 기능했지만 인구가 줄면서 인근 시와 합병하여 시에 포함된 마을 중 하나가 되었다. 10여 년 전에 농산물 직판장, 인근 지자체와 연결되는 터널이 개통되었지만 인구 증가로 이어지지는 않았다.

　필자는 2008년경부터 이 지역의 일에 관여하기 시작해 초고령화된 이곳에서 사람들이 계속 생활하려면 어떻게 해야 하는지 현재도 연구를 계속하고 있다. 2008년 당시 지역 주민들의 이야기를 직접 듣는 것부터 시작했다. 지역 사람들은 "여기서 계속 살고 싶다", "좋은 곳이다"라는 말과 함께 "여기는 10년쯤 지나면 없어진다", "미래의 일 따위는 생각하고 싶지 않다, 좋은 일이 일어날 리 없으니까", "뭔가 노력해도 의미 없어"라는 체념의 말을 해 크게 인상에 남았다. 하지만 지역을 뒤덮은 폐색감, 절망감의 한편에서 "인구를 크게 늘리거나 관광객이 많이 오는 지역으로 만들고 싶은 것이 아니다. 단지, 정말 좋아하는 이 마을에서 계속 살고 싶

'나답게' 늙어갈 수 있는 집 1

다"라는 속삭임 같은 말이 들려왔다.

주민들이 느끼는 체념의 정체는 무엇일까. 필자는 생활에 필요한 것들이 서서히 사라지면서 주민들의 힘이 없어지고 생활이 극단적으로 불편해져 '조용한 강제 퇴거(Silent Eviction)'가 일어나고 있는 것이라고 보고 있다. 처음에는 산업 구조의 변화로 일할 기회가 극단적으로 줄고 사람들이 사라졌다. 특히 중요한 인력이었던 젊은 세대의 유출이 확산되며 고령화가 급격하게 진행되었다. 사람이 사라지는 것과 동시에 쇼핑할 장소가 없어지고 보육원은 휴원하고 학교(중학교)는 다른 지역의 학교와 통합되었다. 지역의 유일한 주유소도 폐쇄되었고 금융 기관은 우체국 한 곳만 남았다.

특히 고령자들에게 중요한 것은 외부와 연결되는 버스 운행이 종료되면서 의료 서비스뿐만 아니라 돌봄 서비스도 제공받기 힘들어졌다는 점이다. 지자체가 합병하면서 면사무소였던 곳은 합병 후 출장소 중 하나가 되었고 그동안 배치되었던 보건복지 전문직, 지역에 관한 권한이 시의 중앙으로 집약되었다. 이로 인해 마을에 관한 일을 주민들이 직접 의논하고 결정하던 의회, 시의원이 없어져 정책을 결정할 권한도, 영향력도 잃었다. 심지어 이제는 무선을 통해 지역에 자연재해 등의 위험을 알리는 권한조차 없다.

이처럼 쇼핑(식료품·생활용품 확보), 대중교통, 교육, 의료보건복지(돌봄 서비스 포함), 에너지, 금융, 의사결정권이 상실된 결과 사람들의 생활은 어떻게 불편해졌을까. 장보기는 이동 판매차가 정기적으로 지역을 방문하기도 하고 개인적으로 배송이나 인터넷 쇼핑몰을 이용할 수도 있다. 하지만 고령자들은 인터넷을 잘 활용하지 못하고 이동 판매 담당자를 구하기도 어려워 앞으로도 지속될 수 있을지 불안해하고 있다. 의료와 관련해서는 지역 내 진료소가 일주일에 한 번 목요일 오후에 오픈하지만 만성질환 대응이 기본이고 특정 질병을 치료하려면 멀리 있는 병원까지 나가야 한다. 운전을 할 수 있는

동안에는 문제가 없어도 노화로 운전이 힘들어지거나 사회적 안전을 위해 운전면허를 반납해 버리면 불편함이 극단적으로 가중된다. 개호 서비스가 필요해도 이용할 수 있는 서비스 종류가 한정적이라 원하는 도움을 받지 못하는 사례도 적지 않다.

더욱 안타까운 것은, 독거 노인의 경우 개호 서비스를 이용하기 시작하면 따로 사는 가족들이 이제 혼자 생활하기 힘들어진 것이라고 생각해 "시설에 들어가자"라고 권하고 결국 고령자가 마을 생활을 포기하는 계기가 되기도 한다는 사실이다. 이를 피하기 위해 힘들어도 서비스를 이용하지 않고 혼자 감당하거나 불편함을 감수하면서 이웃들과 서로 의지하며 지내는 고령자가 많다. 하지만, 생활에 필요한 것들이 점점 사라지고 자신의 신체, 정신, 사회적 기능이 저하되면 결국에는 체념할 수밖에 없다. 이러한 상황이 되니 고령자들은 지역에 대한 희망을 버리고 미래에 대한 이야기를 회피하게 되는 것이다.

바로 이것이 앞서 말한 '주변화 마을' 사람들이 느끼는 체념의 정체다. "불편함을 느낀 본인이 스스로 지역을 나가기로 결정했다"라고 말하면 본인의 결정이 존중받는 것처럼 보일 수 있다. 그러나 이것은 극단적인 생활의 불편함이 무력감을 낳고 지역을 떠나는 결정을 하게 만드는 '조용한 강제 퇴거'가 계속되는 것으로서 이곳에 계속 살고 싶다는 주민들의 마음은 여전하다.

이들이 마을 생활을 포기하는 것은 본인들의 잘못이 아니다. 산간지, 낙도를 포함해 지방에서도 익숙한 곳에서 노후를 보낼 수 있는 환경을 마련하지 못한 사회의 책임이다. 또한 '조용한 강제 퇴거'는 상기에 소개한 지역만의 이야기가 아니라 인구가 감소하는 많은 곳에서 발생하고 있을 가능성이 높고 사회 구조와 사람들의 가치관이 바뀌면 앞으로 어디에서나, 누구에게나 일어날 수 있는 일이다.

모든 이들의 노후 생활에서도 '공평한 기회'는 중요하다. 도시에서는 다양한 시설과 서비스, 편리한 생활 환경을 이용하면서 노후에도 원하는 곳에서 계속 생활할 수 있는데 지방에서는 서비스를 받기도, 계속 마을에 머물기도 어렵다는 불공평에 대해 당사자들과 함께 논의하면서 방법을 찾아야 한다.

6장

노인을 위한 집은 있다,
한국만의 길을 찾자

일본을 보며 다시 생각해 보는 '함께 늙어 간다는 것'

앞에서 우리는 일본을 중심으로 고령사회와 관련된 숫자와 제도 등을 살펴보았다. 이제 마지막으로 필요한 것은 추가의 통계적 사실을 나열하는 것이 아니라 많은 정보들을 참고해 한국이 지금 어떤 교차로에 서 있는지, 어떤 방향으로 가야 하는지를 생각해 보는 일이다. 이것은 '우리는 앞으로 어떤 방식으로 서로 관계를 맺으며 늙어 갈 것인가'라는 질문에 대한 답을 찾는 과정이기도 하다.

노화는 철저히 개인적인 경험처럼 보이지만 실제로는 사회 전체의 모습이 달라지는 구조적 변화 과정이다. 한 사람이 어떻게 늙어 가는지는 개인의 의지나 가족의 노력만으로 설명되지 않는다. 주거, 돌봄, 의료, 지역별 조직, 사회적 인식, 그리고 생활 문화까지 — 다양한 요소들이 서로 얽히고 포개지며 현실이 만들어진다.

제도 뒤에 있는 섬세한 소통의 구조

일본을 견학하며 우리가 가장 인상 깊게 보았던 것은 바로 이러한 교차 지점이었다. 제도 그 자체가 아니라 제도가 사람들의 생활 세계 속에서 작동하고 있는 방식, 다시 말해 시설과 서비스, 문화, 인식 등 수많은 요소가 연결되고 관계를 맺으며 전체를 움직이게 하는 모습이었다. 서고주, 데이서비스, 지역포괄지원센터 등 수많은 시설과 제도의 틀 뒤에는 보이지 않는 섬세한 소통의 노력이 있었다. 이웃이 자연스럽게 드나드는 공용 공간, 직원과 입주 고령자가 공유하는 일상, 동네 상점과 학교, 치매안심센터의 연계 등 결국 고령화 대응 현장의 핵심은 '소통', '관계'였다.

이것은 정책의 언어로 말하면 관계적 인프라(Relationship Infrastructure), 사회학의 언어로 말하면 관계적 자본(Relational Capital), 환경노년학의 언어로 말하면 사람-환경 상호작용의 생활권 구조라고 할 수 있다. 하지만 이러한 특별한 구호로 표현하지 않아도 주변을 잘 살펴보면 사람의 삶을 지탱하는 힘은 미시적 관계에서 생겨난다는 것을 알 수 있다. 누군가가 자신의 이름을 불러 주는 아침, 함께 밥을 짓는 작은 부엌, 동네 아이들의 발소리, 돌봄을 제공하는 사람과 받는 사람 사이에 오가는 가벼운 대화와 느슨한 동료감. 고령자 주거 공간들은 규모가 아닌 이러한 관계의 밀도로 작동하고 유지된다.

현재 한국이 급속한 고령화로 어려움을 겪고 있는 이유는 시설과 서비스 때문이 아니라 관계 기반이 약해졌기 때문일지도 모른다. 고층 아파트 중심의 주거 형태, 가족의 축소, 부처별로 분절된 행정 체계, 서로에게 말을 걸기 어려워진 도시적 삶의 리듬 등 점점 더 개인주의 사회가 되면서 과거에는 자연스러웠던 '함께'라는 말, 우리는 함께 살아가고 있는 존재라는 '공동체'라는 표현이 어색해졌다. 이제는 이런 말을 꺼내는 것 자체가 과도한 요구처럼 느껴지기도 해 쉽게 입 밖으로 나오지 않는다.

하지만 돌봄, 주거, 삶의 문제에 대해 깊이 이야기를 나누다 보면 사람들이 노후에 대해 서로 다른 말로, 같은 마음을 표현하고 있다는 사실을 알수 있다.

혼자이지만 완전히 고립되고 싶지는 않은 마음.
거리 두기를 원하지만 단절은 두려운 마음.
자유롭게 살지만 필요할 때는 누군가 손을 내밀어 주길 바라는 마음.

무언가 모순되어 보이지만 이것이 솔직한 속내일 것이다. 결국 우리가 살아가는 데 필요한 최소한의 생존 조건은 거창한 철학이 아니라 고립되지 않고 어떤 방식으로든 누군가와 연결되어 있다는 안심감이 아닐까. 누군가와 소통하며 살아가는 것을 '공동체'라고 부르든 '서로 돌봄'이라고 표현하든 평범하게 '관계'라고 말하든 상관없다. 중요한 것은 형식이 아니라 그 마음이 실제 생활에서 실현되는 것이다.

단, 소통과 연결이 중요하다고 해도 현대 사회의 공동체는 과거와 같은 모습일 수는 없다. 지금의 생활 방식, 사람들의 바람에 맞춰 과거보다 훨씬 더 느슨하고 현실적인 모습이어야 한다. 필요할 때는 기댈 수 있지만 그렇지 않을 때는 서로의 경계를 존중하는 관계, 과도한 의무는 없지만 필요한 순간에는 '관계의 안전망'으로 작동하는 공동체의 모습이 바람직하다. 이것은 감정적인 이상향이 아니라 사회과학적으로도 충분히 설명할 수 있는 관계의 설계 방식이다.

 '나답게' 늙어갈 수 있는 집

노후를 앞두고 스스로에게 필요한 질문

여러 차례 일본을 방문하며 한국이 어떻게 고령화에 대응해야 하는지에 대한 정답을 얻은 것은 아니다. 하지만 개인과 사회가 건강하게 늙어가기 위해 무엇을 고민해야 하는가에 대한 방향성은 찾을 수 있었다. 그리고 우리는 이제 서로에게 '어디에서 늙어 갈 것인가'가 아니라 '어떤 관계 속에서 늙어 갈 것인가'에 대해 묻게 되었다.

누군가는 혼자 사는 조용한 일상을 원하고, 누군가는 이웃과 느슨하게 연결된 작은 공동체를 원한다. 또 누군가는 친구들과 함께하는 생활을 꿈꾸고, 누군가는 가족과 함께하면서도 자신만의 독립성은 유지하고 싶어 한다. 겉으로 보이는 모습은 다르지만 그 밑에 흐르는 마음은 비슷하다. 혼자 있든 함께 생활하든, 고립되지 않고 언제라도 필요할 때면 손을 내밀어 도움을 주고받을 수 있다는 안심감을 원한다.

6장에서는 일본에서 본 다양한 모델들을 한국의 현실에 비추어 하나씩 살펴보려 한다. 많은 이야기를 하겠지만 이 책을 다 읽고 난 후 사람들이 이런 생각을 할 수 있기를 바란다.

"우리는 혼자 늙지 않는다, 그리고 혼자 늙을 수 없다."

(필자: 박소정)

열심히 고민하며 길을 찾고 있는 한국

과거와는 다른 모습의 '함께'를 추구해야

최근에는 한국에서도 제도 정비와 실험이 계속되어 변화를 기대하는 사람들이 많다. 정부는 시니어 주거 활성화를 위해 '민간 진입을 확대하면서 소비자 보호는 강화한다'는 방향성을 제시하고 있다. 구체적으로는 고령자 시설의 표준계약서·품질인증·정보공개 체계 도입, 도심 유휴지 활용, 임대·분양·사용권 등 다양한 사업 방식, 중산층을 겨냥한 임대형 주거 등에 대한 논의가 활발하다. 의료와의 연계에서는 재택의료를 중심으로 시범 사업을 확대하고 지역의 복지관·보건소·통합돌봄 창구와의 연계를 모색하고 있다. 주거에서는 고령자복지주택의 공급을 늘리고 유형을 다양화하고 있고 지자체 단위의 생활권 회의체를 통해 정보와 서비스를 한데 묶으려는 시도도 하고 있다.

이러한 모든 논의는 앞으로 세부 설계와 일정이 바뀔 수 있지만 방향성만큼은 비교적 선명하다. (1) 돌봄 서비스가 생활권 안으로 들어오는 집을 만들고 (2) 민간의 공급 역량을 끌어들이되 (3) 이용자의 권리와 안전은 제도적으로 지키는 것이다.

일본은 20여 년 전 고령화 대응을 본격화할 때 시설 공급에만 집중했다가 고령자가 급증하면서 시설로는 모두 감당할 수 없다고 판단해 2000년 이후 재택 생활 지원 서비스와 지역 네트워크의 강화로 방향을 전환했다. 하지만 한국은 조금 늦게 시작하게 되면서 해외의 많은 사례들을 참고해 처음부터 무조건적인 시설 확충에만 집중하지 않고 '돌봄 서비스가 생활권 안으로 들어오는 집'을 기획하고 있다. 고령자 대응을 다소 늦게 시작한 덕분에 일본을 비롯한 다른 나라들이 겪었던 시행착오를 피할 수 있게 되었다고 볼 수 있다.

일본보다 더 빠르게 진행될 민간화

앞으로 한국의 고령자 주거 시장은 빠르게 성장할 것이 분명하다. 1·2차 베이비붐 세대가 본격적으로 노년기에 진입하면서 수요가 급격히 늘어나 일본보다 더 빠른 속도로 민간화, 기업화가 진행될 가능성도 크다. 하지만 제도와 정책이 체계화되지 않으면 지속될 수 없고 정부 재정만으로는 수요를 모두 감당하기 어렵다. 앞으로는 공공이 기본 인프라와 기준을 마련하고 그 위에서 민간이 다양한 형태의 주거 모델을 실험하는 방식으로 전개될 것으로 보인다.

이러한 상황에서 우선은 돌봄이 필요해지기 이전의 건강한 고령자, 즉 활동적이고 자립적인 액티브 시니어들을 위한 합리적인 비용의 '주거+서비스' 공간 마련이 시급하다. 기존의 고령자 주거가 돌봄이 필요한 노인을 중심으로 설계되었다면 앞으로는 '돌봄이 필요해지기 이전'의 고령자가 선택할 수 있는 예방, 생활 중심의 주거 시설이 필요하다. 그 중심에는 의료·복지·주거를 잇는 제도적 허브, 그리고 정보공개·표준계약·품질관리와 같은 시장 신뢰의 장치가 있어야 한다.

최근 몇 년 사이 일부 지역에서 추진된 노인복지주택 사업들은 이러한 방향성이 왜 중요한지를 잘 보여 주었다. '복지'라는 이름으로 기업이 진출했지만 공공성보다는 분양 이익에 치우치면서 돌봄과 주거의 본래 목적이 흔들린 사례가 적지 않았다. 이러한 경험은 고령자 주거가 단순한 부동산 상품으로 취급될 때 얼마나 쉽게 왜곡될 수 있는지를 여실히 보여 주었다.

일본은 오랜 세월에 걸쳐 제도적인 기반을 쌓았지만 한국은 훨씬 짧은 시간 안에 토대를 마련해야 하는 입장이다. 이러한 상황에서는 거대한 제도보다 '생활권 단위'의 실험과 그 결과에 대한 면밀한 분석, 우선 사항 결정, 사회적 균형 실현 등을 위한 조정 능력이 중요하다. 또한 아무리 정부가 많은 예산을 투입해도 급속하게 늘어나는 수요를 공공에서 모두 감당할 수는 없다. 결국 해외의 많은 나라에서 그러했듯 민간 기업의 참여가 필수적이다. 이에 더해 공공과 민간 기업이 커버할 수 없는, 어떻게 하더라도 생길 수밖에 없는 빈틈을 메울 '제3의 손'이 꼭 필요하다.

돌봄의 빈 곳을 메우는 '제3의 손'

우리가 일본에서 만난 주거 모델들 가운데 가장 철학이 분명하고 인상 깊었던 곳은 협동조합이 운영하는 시설들이었다. 그곳의 주거는 단순한 서비스 공간이 아니라 함께 책임지는 구조였다. 입주민과 직원, 지역의 협동조합이 함께 의사결정에 참여하고 돌봄의 방향을 스스로 조정했다. 4장에서도 언급했던 사회학자 우에노 치즈코 씨는 저서 『돌봄의 사회학』

'나답게' 늙어갈 수 있는 집 ❶

에서 돌봄이 가족 내의 무급 노동이나 시장의 유급 노동만으로는 지속될 수 없다고 지적하면서 그 사이에 존재하는 제3의 축을 '협(協)'이라고 표현했다. 그녀가 말하는 '협'은 국가나 시장이 아닌 시민 사회의 자율적인 협력 영역, 즉 생활협동조합이나 지역 NPO, 소규모 복지 법인들이 활동하는 중간 지대를 의미한다.

'협'의 영역에서의 돌봄은 단순한 서비스 제공이 아니라 공동체 구성원 간의 상호 돌봄과 책임의 실천으로 이루어진다. 일본의 장기요양에서는 이러한 '협'이 제도권 안으로 편입되어 함께 움직이고 있다. 행정과 시장의 손이 미처 닿지 못하는 생활 단위의 돌봄을 협동조합이나 지역 NPO, 자원봉사자와 지역 주민들이 함께 메우고 의료·복지·주거 서비스를 유연하게 연결하는 생활 기반의 네트워크를 만들어 내고 있는 것이다.

이번에 견학했던 협동조합형 서고주, 지역밀착형 주거 모델들은 '협'의 영역이 현장에서 어떻게 작동하는지를 잘 보여 주었다. 특히 시민이 직접 참여해 함께 운영하는 협동조합 모델은 많은 장점이 있다. 그곳에서는 이용자와 제공자가 구분되지 않기 때문에 누군가는 돌보고 누군가는 돌봄을 받지만, 그 관계가 언제든 뒤바뀔 수 있다는 사실을 모두가 인식하고 있었다. 이처럼 느슨하면서도 자발적인 참여의 구조야말로 '함께 산다'라는 말의 실제 모습일지도 모른다.

의료-돌봄-복지 연계를 위한 운영 주체 다양화

아쉽게도 한국의 현실은 아직 많이 다르다. 협동조합이 고령자 주거의 주체로 나서는 경우가 드물고 주거와 돌봄 서비스는 여전히 대부분 공공에서 추진한다. 기업들은 향후 급속하게 성장할 시니어 시장에 주목해 수많은 기획과 시도를 하고 있지만 아직은 민간의 진출이 제도적으로 제한되어 있어 실질적인 역할은 일부에 그치고 있다. 그러나 앞으로는 영리 기업뿐 아니라 협동조합, 사회적 기업, 새로운 형태의 단체 등 민간의 진입을 자유롭게 만들고 질과 공공성을 담보할 수 있는 지원, 관리 체계를 구축해 운영 주체를 다양화해야 한다. 어떤 지역에서든 단 하나의 주거 모델이 의료·돌봄·복지를 모두 제공하거나 연결하는 허브가 될 수는 없기 때문이다.

그렇다면 다양한 주거 모델의 생태계 안에서 의료, 복지, 돌봄은 어떻게 연계될 수 있을까? 일본의 현장에서 이야기를 들으며 확실하게 알 수 있었던 것은 주거와 서비스, 지역과의 연계가 결코 하루아침에 만들어지지 않는다는 사실이었다. 서고주, 특양 등 시설의 종류와 상관없이 모두가 지역사회와의 관계를 만들기 위해 많은 시간과 정성을 쏟았다. 시설의 리더와 직원들이 몇 년에 걸쳐 인근 상점, 학교, 관공서, 병원, 약국 등을 직접 찾아다니며 이해를 구하고 신뢰를 쌓았다. 이러한 관계가 형성된 지역에서는 입주자가 치매 단계로 진행되더라도 보호자나 이웃이 느끼는 불안이 훨씬 적었다. 한국 언론에서도 소개되었던, 편의점에서 돌봄 서비스를 제공하는 일본의 '복지 편의점'이나 치매 노인들이 일하는 '주문이 틀리는 식당' 등은 지역, 관계자들의 관계망이 구축되어 있었기에 가능했던 사례다.

한국에서도 이러한 시도를 하려면 우선 의료와 돌봄 서비스 제공자(촉

'나답게' 늙어갈 수 있는 집

탁의, 재택의료, 외래·입원 의료기관 등) 사이의 '연결자' 역할이 제도적으로 자리를 잡아야 한다. 일본에서도 지역 내 연계 구조가 처음부터 제도로 설계된 것은 아니다. '협(協)'의 영역, 즉 공공성과 공익성을 추구하는 민간의 제3영역 단체들이 지역에서 끊임없이 관계를 맺고 의견을 조정하며 쌓아 온 경험과 노력이 이후에 제도화된 것이다. 2006년 개호보험 개정 때 시작된 '지역포괄지원센터'는 그렇게 축적된 네트워크를 바탕으로 탄생했다. 지금은 의료, 복지, 자원봉사, 생활지원 등의 지역 자원들을 하나로 묶어 고령자의 삶을 생활권 안에서 지원하는 '연계의 허브' 역할을 하고 있다. 같은 시기에 도입된 소규모다기능거택개호 시설도 '서비스가 집으로 찾아가는 돌봄'이라는 발상에서 시작된 생활권 중심 모델이다.

우리는 일본과 제도와 행정 체계가 다르지만, 지역에 흩어져 있는 자원들을 섬세하게 연결한다는 비전과 꾸준한 노력은 배울 수 있다. 제도는 나중에 만들더라도 우선 교류하는 환경을 만들고 도움을 주고받는 관계를 생활 속에 정착시키면 지속 가능한 지역 돌봄이 가능해진다. 의료협동조합의 건강지킴이, 복지서비스의 생활지원사, 복지관과 관공서의 사회복지사들을 아우르는 네트워크가 탄탄하게 자리를 잡는다면, 개별 주택과 서비스 제공자의 벽을 넘어서는 광범위한 연계를 실현할 수 있다.

과거와는 다른 모습의 '함께하는 삶'

구조가 문화를 창출할지, 문화가 구조를 이끌지는 알 수 없다. 일본의 지역 문화는 우리의 것이 아니지만 공공과 민간이 함께 지역 내 연계를 활성화하려고 노력한 과정은 한국이 방향성을 고민할 때 충분히 참고할 만하다. 의료·돌봄·복지의 허브를 잘 정비하고 상호 협력의 체계를 구축한다면 언젠가 중증장애인, 치매 독거노인도 고독사의 공포에서 벗어날 수 있지 않을까. 지금부터 방향만 잘 잡아 준비한다면 머지않아 집, 요양 시설, 공동체 주거 시설 등 어디에 살든 필요할 때 도움을 받고 산책을 가듯 지역 축제에 참가하는 날이 올 수 있다.

외로움이 일상이 된 시대를 살다가 맞이하게 되는 노후는 '타인과의 관계를 다시 연습하는 시간'이라고 할 수 있다. 나이가 들면 좋든 싫든 누군가의 도움이 필요한 일이 생기고 몸과 마음이 건강한 노후의 삶을 위해서는 주변 사람과의 관계가 중요하기 때문이다. 하지만 한국의 베이비붐 세대는 전통적인 공동체의 따뜻한 추억을 그리워하면서도 집단의 폐쇄성을 너무나 잘 알아 타인과의 관계를 경계한다. 어떤 사람은 '공동체'라는 말을 들으면 사회적으로 자유를 박탈당했던 시절을 떠올려 거부감을 드러내기도 한다. 그러면서도 이들은 너무나 빠르게 변화한 사회 속에서 외로움을 가장 깊이 체감하는 세대이기도 하다. 하루가 다르게 변해 가는 생활 환경 속에서 말할 수 없는 소외감과 불안감을 느끼지만 그것을 토로할 대상은 별로 없다.

이러한 세대가 노후를 맞이하면서 꿈꾸는 '함께하는 삶'은 과거에 경험했던 공동체와는 크게 다른 모습일 것이다. 과거의 공동체가 모든 것을 함께하는 관계였다면 앞으로는 서로 간의 거리를 존중하면서 안부를 묻는, 각자의 고유함을 잃지 않으면서도 필요할 때는 손을 내밀 수 있는, 느슨하지만 신뢰할 수 있는 관계가 필요하다.

   '나답게' 늙어갈 수 있는 집 1

일본을 둘러보고 마음에 남은 것은 제도와 설계의 정교함이 아니라 그 안에서 살아가는 사람들이 가진 '관계에 대한 태도', '교류의 노력'이었다. 그러한 마음과 끊임없는 시도가 돌봄이 제도로만 머물지 않고 생활 속으로 스며들 수 있도록 만들었다. 한국도 앞으로 만들어 갈 고령자 주거와 돌봄 제도, 현장에서 '지역과 함께 늙어 가는 사회'라는 문장을 현실로 바꿀 수 있기를 기대한다. 진정한 의미의 '좋은 주거'는 물리적 공간이 아니라 함께 살아간다는 '안도감'에서 시작된다.

(필자: 박소정)

한국에도 꼭 필요한 시설과 서비스는 무엇일까

서두르는 상황이기에 우선순위가 중요

초고령사회에 필요한 주거 공간과 시설을 생각할 때 가장 어려운 부분은 고령자 각자가 처한 상황이 다르고 필요한 서비스도 매우 다양하다는 점이다. 개인이 노후를 준비하려고 해도 앞으로 본인의 신체와 생활 환경이 어떻게 변화할지 예측할 수 없어 무언가를 결정하기가 쉽지 않다. 그렇기 때문에 사회와 개인 모두 일어날 수 있는 최대한 많은 경우의 수를 생각해 보고 상황별로 어떤 준비가 필요한지, 어떤 것들을 준비하면 도움이 되는지 미리 확인하는 것이 중요하다.

한국은 현재 본격적으로 고령자 주거, 서비스 마련에 나서고 있지만 출발이 늦었다고 서두르기보다는 해외의 사례들을 참고해 가장 먼저 필요한 것이 무엇인지 우선순위를 결정하고, 한국에도 꼭 필요한 시설과 서비스는 어떤 것인지 취사선택하는 현명함이 필요하다.

이에 이번 견학뿐 아니라 지금까지 다양한 일본 사례를 연구하며 아직 한국에서는 보편화되지 않았지만 일본에서는 널리 보급되어 있는, 한국에도 꼭 필요한 시설과 서비스를 꼽아 보았다. 이와 함께 일본에서 서서히 바뀌고 있는 간병 철학에 대해서도 소개한다.

시작은 공간의 베리어프리 설계

고령자의 주거 공간을 생각할 때 가장 기본은 공간의 베리어프리(Barrier-Free) 설계이다. 베리어프리는 모든 장벽(Barrier)으로부터 자유로운(Free) 환경을 만들자는 개념으로, 생활 속에서 겪을 수 있는 물리적 장벽을 제거하여 불편함 없이 안전하고 편리하게 살 수 있도록 설계하거나 개보수하는 것을 의미한다. 예를 들어 현관 앞, 방 입구의 문턱을 제거해 휠체어 이동을 원활하게 하거나 복도 벽면에 안전 손잡이를 설치해 이동할 때 지지할 수 있도록 한다. 침대, 변기, 욕조 주변에도 손잡이를 설치해 일어나거나 눕는 동작을 돕고 욕실이나 화장실은 미끄럼 방지 재질로 변경, 코팅해 미끄러짐을 방지한다. 이러한 설계는 낙상 사고를 예방하고 독립적인 생활을 지원할 뿐만 아니라 혼자 생활해도 안전하다는 심리적 안정감을 제공한다.

일본의 모든 고령자 주택과 시설은 베리어프리 설계가 필수 요건이고 기존 주택을 베리어프리로 변경할 때는 정부나 지자체에서 일부 보조금을 제공한다. 한국의 경우 최신 아파트는 베리어프리 설계를 하기도 하지만 오래된 아파트나 단독주택은 베리어프리가 전혀 반영되어 있지 않다. 거동이 불편해져도 살던 곳에서 계속 거주할 수 있도록 베리어프리를 실현하려면 사람들에게 필요성을 홍보하고 사회 곳곳을 배리어프리 구조로 바꿔 나가는 것, 고령자 시설의 설계 기준을 해외보다 더 앞선 수준까지 높여 꼼꼼하게 설정하는 것, 주택 개조 지원책을 마련하는 것 등이 필요하다.

시설: 우선은 건강한 고령자, 중산층 고령자를 위한 주택

일본은 이미 부유층과 중산층을 위한 다양한 형태의 유료노인홈, 자립 생활이 가능한 중산층 대상의 서비스 제공형 고령자주택(서고주), 저소득층을 위한 특별양호노인홈(특양), 치매 노인을 위한 그룹홈을 비롯해 병원 퇴원 후 집에 돌아가기 전까지 회복할 수 있는 개호노인보건시설과 개호의료원, 가족이 잠시 돌보지 못할 때 머물 수 있는 쇼트스테이(단기보호) 등 용도와 상황에 따라 선택할 수 있는 시설이 꽤 촘촘하게 마련되어 있다. 이 중에서 한국에 가장 우선적으로 필요한 것이 무엇인가를 생각해 보면, 서고주와 같은 중산층 고령자를 위한 시설을 꼽을 수 있다.

현재 한국의 고령자 시설은 적극적인 치료가 필요할 때 이용하는 요양병원, 적극적 치료는 아니지만 돌봄은 필요한 중저소득층 고령자 대상의 양로시설(양로원), 의료와 간병 케어가 필요할 때 이용할 수 있는 요양원이 있다. 최근 정부가 중저소득층을 위한 공공 임대 방식의 고령자복지주택 공급을 늘리고 중산층 고령자를 위한 민간 임대 방식의 실버스테이 시범 사업을 적극 추진 중이지만 아직은 초기 단계라 할 수 있다. 꽤 오래전부터 사람들의 관심을 끌었던 실버타운(노인복지주택)은 아직 부유층 대상 모델이 중심이라 중산층이 안심하고 들어갈 수 있는 곳을 찾기가 쉽지 않다.

일본과 대조해 보면 한국은 현재 저소득층을 위한 시설과 부유층을 위한 고급 시설로 양분되어 있다고 할 수 있다. 중산층을 위한 시설이 빠져 있다. 앞으로 폭발적인 수요 증가에 대응하려면 안전과 공공성을 지킬 수 있는 기준을 명확하게 마련한 후 민간이 참여할 수 있는 폭을 넓혀 건 강한 고령자, 중산층 고령자를 위한 시설의 공급을 빠르게 늘리고 종류 와 가격대를 다양화해야 한다.

서비스: 기본은 데이서비스, 그리고 방문 돌봄·진료

일본의 사례를 보아도 알 수 있듯이 늘어나는 고령자를 시설에서 모두 감당할 수는 없다. 사람들의 건강 상태, 경제력, 가족 관계는 무엇 하나 똑같은 것이 없기 때문에 다양한 상황에서 이용할 수 있는 시설들은 필 요하지만 특수한 경우를 제외하고 대부분의 고령자는 적절한 돌봄과 서 비스를 받으면서 집에서 생활할 수 있는 환경 구축을 목표로 해야 한다. 그래야 국가의 재정이 파산하지 않고 개인도 노후를 나답게 보낼 수 있 기 때문이다.

이를 위해 꼭 필요한 서비스는 방문돌봄 서비스, 데이서비스(주간보호 서비스), 원격진료라고 할 수 있다. 방문돌봄은 한국에서도 이미 제공 중 이지만 절대적인 인원 부족에 더해 실제 현장에서 일하는 요양보호사의 전문성이 부족하고 질적인 편차가 크다는 지적이 있다. 서비스 질의 저 하는 뒤에서 언급할 전문적인 인재 양성 체제가 없는 것이 가장 큰 원인 이라고 할 수 있다.

한편 방문 진료와 원격 진료는 제도적 한계와 진료 수가 등의 문제로 보급되지 못하고 있다. 이러한 서비스가 원활하게 제공되지 않으면 5장 에서 소개한 일본인의 사례처럼 건강 상태가 달라져도 계속 집에서 생활하다가 가족 앞에서 편안하게 임종을 맞는 것은 불가능하다.

본인뿐 아니라 가족들도 일상생활과 사회생활을 유지하려면 요양 등급을 받은 고령자를 낮 시간 동안 돌봐 주는 '데이서비스'의 충분한 제공도 필수이다. 데이서비스는 낮 시간 동안 목욕, 식사, 레크리에이션 등을 제공해 가족의 간병 부담을 덜어 주고 고령자의 고립을 방지하는 역할을 한다. 한국에도 '주야간보호센터'가 보급되고 있지만, 아침저녁으로 오가는 데이서비스 송영 차량의 모습이 일상화된 일본만큼 일반화되어 있지는 않다. 수치상으로 봐도 일본은 2023년 기준으로 전국에 약 4만 3,000곳(일본 후생노동청 통계)이 있는 데 반해 한국의 주야간보호센터는 2025년 기준 약 5,500곳(국민건강보험공단 공시 기준) 수준이다. 인구가 일본의 절반 이하이고 고령화 수준이 일본보다 다소 낮은 상황이라는 점을 고려해도 차이는 매우 크다.

데이서비스 시장이 성숙된 일본은 이제 사업자 간 경쟁이 심화되어 이용자의 취향과 필요에 따른 다양한 특화 서비스까지 도입되고 있다. 노래방이나 카드 게임 등을 도입한 남성 특화 센터가 생겨났고 외출하는 기분을 주기 위해 카페 분위기로 인테리어를 한 곳, 고령자들이 직접 요리를 해 먹는 레스토랑형 센터까지 출현하였다. 선택지가 늘어나면서 데이서비스 센터는 단순한 복지 시설을 넘어 '노인의 일상 공간'으로 진화하고 있다.

또한 최근 새롭게 등장해 전국으로 확산 중인 것이 '건강증진형'이라고 불리는 재활 특화 데이서비스 센터이다. 내부는 러닝머신 등의 운동 기구가 늘어서 있어 마치 헬스클럽과 같은 모습이며 고령자들은 요양보

   '나답게' 늙어갈 수 있는 집 🔟

호사의 도움을 받으며 각자의 신체 상태에 맞는 근력, 균형 운동을 한다. 기존 센터와 가장 큰 차이점은 식사도, 목욕 서비스도 제공하지 않는다는 점이다. 요양이나 개호보다는 '운동과 재활'에 집중하는 것이 이곳의 핵심이다.

이러한 센터의 확산은 일본 정부의 정책 기조가 '사전 예방과 자립 지원'으로 전환된 것과 궤적을 같이한다. 고령자의 신체 기능 저하를 어쩔 수 없는 노화 현상으로 받아들이지 않고 적절한 근력 운동을 통해 스스로 움직일 수 있는 기간을 최대한 늘려 건강 수명을 연장하는 것이 목표이다. 한국은 각종 규제 때문에 아직은 이러한 형태의 센터 도입이 쉽지 않다. 하지만 고령 인구가 빠르게 늘고 있는 현실을 감안하면, 사전 예방과 자립 지원을 위한 건강증진형 센터 도입은 더 이상 미룰 수 없는 중요한 과제이다.

도구 대여: 자립 생활을 지원하는 복지용품

거동이 불편하더라도 집에서 계속 생활하려면 또 하나 꼭 필요한 것이 바로 복지용품이다. 일본의 복지용구·생활지원용구협회 통계에 따르면, 개호보험제도가 도입되기 전 좁은 의미의 복지용품 시장은 약 1조 엔 규모였으나 2023년에는 1조 6,546억 엔까지 크게 성장했다. 거동이 불편한 고령자의 이동을 지원하는 자동차, 홈 엘리베이터 등 관련 제품까지 포함한 넓은 의미의 시장 규모는 4조 5,685억 엔에 달할 정도로 매우 방대하다. 일본에서 연 1회 개최되는 복지용품 전문 전시회 '국제복지

기기전(H.C.R)'은 아시아 최대 규모로서 전 세계 관계자들이 새로운 용품을 살펴보기 위해 대거 방문한다.

일본은 우리나라보다 인구가 2배 이상 많고 이전부터 장애인을 위한 각종 복지용품을 자체 개발하며 성장해 온 역사가 있다. 이것이 자연스럽게 고령자용으로 시장이 확대되었다. 고령자 3,600만 명 이상이라는 거대 시장을 대상으로 관련 용품을 전문적으로 생산하는 기업이 다수 존재하며 기존 제조업 기업들도 기술력을 활용해 복지용품을 활발하게 개발 중이다. 정부는 전국에 10개 기관을 지정해 기업들의 복지용품 개발 관련 상담, 개발 상품의 실증, 보급을 적극 지원하고 있다.

현재는 우리나라에서도 다양한 도구를 제공하고 있고 품목이 빠르게 늘고 있다. 단, 아직은 복지용구의 대여, 구입 급여 제도에서 큰 차이가 있다. 한국은 대여와 구입의 연간 한도액이 160만 원(공단 부담금과 본인 부담금 합산), 본인 부담금은 15%인 반면, 일본은 입욕 보조 용구나 간이 변기 등 대여에 적합하지 않은 품목을 구입하는 경우에만 연간 한도액을 10만 엔으로 설정하고 복지용구 대여는 등급별 재택 서비스의 월 지급 한도액안에서 자유롭게 이용할 수 있도록 하고 있다. 예를 들어 중간 등급인 '요개호3'의 월 지급 한도 금액은 270,480엔으로서 한국 3등급의 약 148만 5,700원보다 훨씬 높고 본인 부담도 10%(일부 고소득자 20~30%)로서 적은 편이다.

특히 일본의 복지용품은 시장 규모가 클 뿐 아니라 같은 품목이라도 종류가 모두 파악하기 어려울 정도로 많다는 점이 중요하다. 같은 손잡이, 보행 보조기구, 개호용 침대라도 개인별 상황에 따라 고를 수 있는 다양한 형태가 있다. 한국도 대여, 구입 가능 품목이 늘고 있지만 형태의 다양성은 아직 부족해 선택지가 많지 않은 실정이다.

정책 지원: 예방을 위한 집 개보수 지원

나이가 들어도 살던 집에서 계속 거주하려면 노쇠해 가는 몸에 맞게 집을 개조해야 한다. 요양 상태에 이르기 전의 주택 개보수는 단순히 노후 주택을 고치는 것을 넘어, 예기치 못한 사고를 예방하고 건강과 자립 생활을 연장하는 데 크게 기여해 삶의 질을 높일 수 있다.

일본에서는 개호보험제도 도입 초기부터 주택 개보수에 대해 20만 엔 한도로 보험을 적용해 지원해 왔다. 이는 주택 개보수가 장기적 관점에서 볼 때 사회·경제적 비용을 절감하는 '예방적 투자'라고 인식했기 때문이다. 보험이 적용되는 개보수 항목은 크게 다섯 종류로서 단차(문턱) 해소, 손잡이 설치, 미끄럼 방지를 위한 바닥재 교체, 미닫이문과 변기 교체 등이 이에 해당한다.

한국보다 단독 주택의 비중이 높은 일본은 주택 설계의 개별성이 높아 수요가 매우 다양하다. 그 결과, 많은 기업이 이 시장에 진출하여 상당히 큰 시장을 형성했으며 노하우도 축적되었다. 주택 개보수에 필요한 다양한 건축 자재, 마감재가 개발되어 판매되고 전문 설계와 시공 회사도 많아 효율적인 개보수가 가능한 환경이 조성되어 있다.

한국 노인장기요양보험에서도 2023년부터 1인당 생애 100만 원 한도 내에서 문턱 제거, 미끄럼 방지 타일 등 안전 관련 품목을 설치할 수 있도록 지원하는 '재가노인주택 안전환경조성' 시범 사업을 시행하고 있다. 앞으로는 일본과 같이 고령자 주거 개보수 사업을 상설화하여 AIP 실현 가능성을 더 높일 필요가 있다.

이상적인 서비스, 시설의 형태 '소규모 다기능'

일단 위에서 언급한 서고주, 데이서비스, 복지용품 대여, 집 개보수 지원을 수요에 맞게 충분히 공급할 수 있다면 기본적인 고령자 지원의 틀은 마련되는 것이라고 할 수 있다. 기본이 마련되면 다양한 상황에 맞는 각종 시설과 서비스를 더 늘려 나가야 할 것이다. 그렇다면 장기적인 관점에서 볼 때 가장 이상적인 시설, 서비스의 형태는 어떤 것일까?

일본에는 데이서비스와 방문요양, 단기 숙박까지 통합적으로 제공하는 '소규모다기능거택개호시설'이라는 것이 있다. 집에서 거주하면서 평소에는 소규모다기능 시설 안에 있는 데이서비스에 다니고 몸 상태가 급변했을 때는 귀가하지 않고 같은 곳에서 숙박도 가능하며 건강 악화로 가지 못할 때는 시설의 요양보호사가 집까지 찾아오는 방문요양 서비스를 이용할 수 있다. 즉, 평소의 주간보호와 긴급 시 방문요양, 단기 숙박 서비스까지 모두 한곳에서 제공한다. 약간의 치매 증상이 있는 이용자는 모든 서비스를 동일한 요양보호사에게 받아 혼란을 줄일 수 있고 돌봄의 단절이 없어 고독사를 막을 수 있다는 장점도 있다. 서비스 비용을 월 정액제로 설정해 이용 횟수나 시간이 증가해도 비용 부담이 급격히 늘어나지 않는 것도 큰 매력이다. 자신의 주소지와 동일한 행정구역 내 시설만 이용할 수 있도록 하여 지역 밀착형 서비스로서 자리를 잡아 가고 있다.

한국도 일본 사례를 참고해 2025년부터 통합재가서비스를 도입했지만 좀 더 폭넓게 보급되고 정착하려면 시간이 조금 더 필요할 전망이다. 고령자의 재택 생활을 추구한다면 이처럼 자신이 거주하는 지역을 중심으로 돌봄이 빈틈없이 연속적으로 제공되는 '소규모 다기능' 시설이 가장 이상적이라고 판단된다.

'자립 지원'으로 변화하는 돌봄의 패러다임

한편, 최근 일본에서는 돌봄의 패러다임이 크게 바뀌고 있다. 특히 '자립 지원'이라는 간병 철학이 널리 보급되고 있다. 자립 지원은 단순히 신변을 돌보는 '수발'을 넘어 노인이 자신의 잔존 기능을 최대한 발휘하고 최대한 본인이 원하는 생활을 할 수 있도록 지원하는 돌봄 방식을 말한다. 이것은 서비스를 제공하는 사람의 기본적인 마음뿐 아니라 돌봄의 제공 방식까지 이전과 근본적으로 다른 '패러다임의 전환'이라 할 수 있다.

지금까지는 고령자 지원에서는 요양 서비스를 통한 신체적·정신적 기능 퇴화 방지, 삶의 질 향상, 자존감 유지를 최우선으로 하였다. 하지만 '자립 지원' 철학을 바탕으로 하는 돌봄에서는 생활을 무조건 '돕는' 것보다 고령자가 남아 있는 신체 능력을 최대한 활용할 수 있도록 '유도하는' 것을 더 중시한다. 또한 정해진 방식으로 동일한 돌봄 서비스를 제공하는 것이 아니라 개인별 생활 리듬과 생각을 파악해 그에 맞춰 도움을 주는 '개별 의향 존중'을 강조한다.

예를 들어 식사할 때 직원이 모두 떠먹여 주지 않고 시간이 걸리더라도 고령자가 스스로 쟁반을 들고 옮기거나 직접 수저를 들고 식사를 하도록 유도한다. 배설 관련 돌봄에서도 정해진 시간에 일률적으로 기저귀를 교체하는 것이 아니라 개인별 배설 리듬을 파악해 화장실 이용을 늘린다. 이를 통해 잔뇨감을 최소화해 기저귀 착용 없는 생활을 실현하는 것이 목표이다.

이처럼 '자립 지원'은 전문적인 재활 훈련 시간뿐 아니라 식사 장소로 이동하거나 화장실에 가는 등 일상의 모든 동작을 재활의 기회로 활용한다는 철학이다. 이것은 와상 상태가 되는 시기를 늦추고 치매 진행 속도가 느려지게 하는 등 신체 기능 유지와 회복에도 도움이 된다. 또한 돌봄을 받는 고령자는 생활 방식을 직접 결정하고 작은 것이라도 스스로 해내면 성취감과 자존감이 회복되면서 우울과 불안이 감소하고 더 활기찬 생활을 할 수 있다. 직원 입장에서도 고령자의 자립도가 높아지면 목욕, 이동 등으로 인한 육체적 부담이 감소한다. 특히, 노인의 요양 등급이 개선, 유지되는 것은 장기적으로 국가의 장기요양 급여 지출을 줄이는 데 기여해 사회적 비용을 줄일 수 있다는 장점도 있다.

단, 이러한 자립 지원은 낙상 등의 사고로 이어질 우려가 있고 노인 학대로 오해받을 수도 있어 고령자 본인과 자녀의 동의가 필요하다. 이러한 돌봄이 자리를 잡으려면 사회적으로도 완벽한 섬김의 서비스가 아닌 자립 지원 서비스가 필요하다는 방향으로 인식이 바뀌어야 한다.

(필자: 류재광)

성공 사례를 한국에도 도입할 수 있을까

겉모습만 비슷할 뿐 너무나 다른 한국과 일본

한국의 베이비붐 세대가 75세, 즉 '후기 고령기'에 진입하는 시점은 2030년이다. 일본의 베이비붐 세대라고 할 수 있는 단카이 세대는 2025년에 그 시점을 맞이했다. 불과 5년밖에 차이가 나지 않지만 준비의 정도는 너무도 다르다.

일본은 이미 20년 전부터 통합 돌봄 시스템을 구축하기 위해 방문의료, 고령자용 주택, 돌봄·의료 복합시설 등을 정비하고 지역 단위로 돌봄 환경을 구축하고자 꾸준히 노력해 왔다. 평균 수명이 길어지면서 2008년에 가입 연령 상한이 75세까지인 건강보험과 별도로 '후기 고령자 의료 제도'를 만드는 등 변화에 따라 제도를 개선하고 노력한 결과, 아직 부족한 부분은 있지만 큰 무리 없이 고령자들을 케어하고 있다.

돌봄을 일상 속으로 끌어들인 고령자 주택 '서고주'

일본에서 가장 대표적인 고령자 주거 시설은 '서고주'라고 부르는 '서비스 제공형 고령자주택'이다. 배리어프리 설계, 비상벨, 간단한 안부 확인 서비스를 제공하는 임대형 주거 시설로서 전국 각지에서 운영되고 있다. 이러한 서고주 모델이 가능했던 이유를 이해하려면 우선 2장에서 자세히 소개한 관련 제도의 변화 과정을 알아야 한다.

일본은 1963년 '노인복지법'을 제정하면서 노인 주거를 제도권으로 편입시킨 후 1986년에 처음으로 의료 서비스를 제공하는 주거 시설(특별양호노인홈, 양호노인홈, 경비노인주택)을 만들었다. 2000년에는 한국의 장기요양보험에 해당하는 '개호보험'이 도입되어 고령자 주거가 복지의 외곽이 아닌 돌봄 체제의 중심으로 들어왔다.

그 후 2011년에 '고령자 주거법'이 개정되면서 도입된 것이 바로 '서고주 등록제'로, 이것이 일본 시니어 하우징의 지형을 바꾸었다고 할 수 있다. 정부는 건축비의 약 10%를 지원하고 고령자 주택 등록 사업자에게 1~2%의 저금리 융자(최장 35년)를 제공했으며 취득세·재산세·등록세를 50~80% 감면해 주었다. 이러한 보조금과 세제 혜택, 저리 융자가 민간사업자의 적극적인 진입을 이끌어 전국에서 빠르게 확충되었다.

또한 서고주는 개호보험 서비스와 연계되도록 설계했다. 입주자는 서고주에 거주하면서도 필요할 때 개호보험을 통해 방문요양·간호·재활 서비스를 이용할 수 있다. 신체가 약해져 돌봄이 필요해져도 바로 '시설 입소'를 하지 않아도 되는 환경이 마련된 것이다. 어떤 측면에서 보면 일본의 서고주는 '주택 정책의 변종'이라고 할 수 있지만 결과적으로는 돌봄을 일상 안으로 들어오게 만든 성공적인 시도였다.

한편, 한국의 장기요양보험은 여전히 '시설 급여=요양원'이라는 틀 안에 묶여 있다. 집에서 지내면서 돌봄을 받는 사람들에게 지급하는 재가 급여는 개별 가정 단위로만 제공되어 고령자 시설에서 통합적으로 운용하기 어렵다. 시설에 '살고' 있어도 재가 급여를 받을 수 없기 때문이다.

'나답게' 늙어갈 수 있는 집 1

일본은 제도 설계 단계부터 주거와 개호를 한 체계 안에 두었던 반면, 한국은 여전히 그 둘을 다른 행정 영역에서 추진한다는 차이가 가장 결정적이다.

서고주의 확산에는 한국과는 다른 주거 문화도 한몫했다. 일본에는 전세 제도가 없어 월세 중심의 임대 문화가 일반화되어 있다. 한국처럼 부동산 가격이 올라 이익을 얻기 힘든 경제 환경이기 때문에 집을 '소비재'로 인식하여 자산 가치 상승을 기대하기보다는 '살기 좋은 환경'을 더 중시하는 사람이 많다. 반면 한국은 아파트 중심의 소유 문화가 강하고 세입자가 집수리나 주거 서비스를 요구하기도 쉽지 않다. 이러한 차이는 임대 방식의 고령자 주택, 노화에 따른 집의 개보수 등 '돌봄이 가능한 집'을 실험하는 사회적 토양에서도 큰 격차를 낳았다.

일본의 다양한 고령자 시설은 제도적 장치와 문화적 토대, 그리고 공공의 보조와 민간의 실험이 맞물린 결과물이었다. 한국이 일본의 모델을 참고하려면 이것을 가능하게 만든 배경 철학과 기반 인프라를 먼저 살펴야 한다.

고립된 시설이 아닌 '지역에서 살아가는 노후'

이번에 우리가 일본의 여러 주거 모델을 돌아보며 느낀 것 중 또 하나는, 형태는 다르지만 그 안에서 살아가는 사람들의 일상은 매우 닮아 있다는 사실이었다. 서고주, 컬렉티브하우스, 지역교류형 유료노인홈, 복합형 돌봄 시설 등 이름은 달라도 모든 곳이 공통적으로 보여 준 것은 바로 '지역 속에서 늙어 가는 삶'이었다. 입주민들은 시설 안에서만 관계를 맺지 않았다. 근처 상점의 주인, 옆집 아이, 지역 복지관 직원 등이 자연스럽게 드나들며 일상생활의 일부를 함께하는 이웃이 되었다. 이러한 곳에서 노인은 일방적인 '돌봄의 대상'이 아니라 마을의 한 사람으로서 살아가고 있고 돌봄은 특별한 서비스가 아닌 일상의 리듬처럼 스며들어 있었다.

일본은 2000년대 초반, 개호보험(한국 장기요양보험) 제도를 도입하면서 주거·돌봄·의료를 분리하지 않고 하나의 생활권 안에서 엮으려는 실험을 시작했다. 그 흐름 속에서 태어난 것이 바로 다양한 고령자 시설들이 같은 부지 내에서 운영되는 통합형 모델이었다. 즉, '주거 시설이지만 돌봄이 가능한 곳', '돌봄 시설이지만 일상생활이 이어지는 곳'을 지향하는, 유연하고 탄력적인 형태의 시니어 하우징 모델이 생겨났다. 현재는 지역별로 의료·돌봄·복지의 전달 체계가 정비되어 있고 생활 반경 안에서 필요한 지원을 연결해 주는 '지역포괄케어센터'라는 중간 조직도 존재한다. 복지 시설은 대부분 대상별로 격리된 보호 공간이 아니라 지역 주민 모두가 드나들 수 있는 열린 공간으로 운영되고 있다.

이와 같은 구조가 가능한 이유는 일본 사회가 오랜 시간에 걸쳐 다져 온 지역 기반의 영향도 크다. 지자체 중심의 행정 체제에 더해 지금도 활발하게 개최되는 마을 축제, 자치 모임, 자원봉사 네트워크 같은 문화적 토양이 '지역 속에서 늙어 가는 삶'을 가능하게 만든 배경에 있다. 결국 현재의 고령자 돌봄 환경은 제도보다는 생활 문화, 정책보다는 오랜 사회적 습관을 토대로 구축된 것이라고 볼 수 있다.

   '나답게' 늙어갈 수 있는 집 1

이처럼 일본은 개호보험 제도가 시행된 이후 고령자를 위한 서비스 주택과 돌봄형 시설이 제도적으로 정착되면서 주거와 서비스를 함께 발전시켜 왔다. 이에 비해 한국은 의료 인프라가 상대적으로 취약하고 중앙 집중형 행정 체계로 인해 지역별, 개인별로 적합한 새로운 주거 모델의 개발보다는 요양 시설 확충이 우선되었다.

또한 일본은 지역 단위의 재정 지원과 세제 혜택, 개호보험 연계 등을 통해 민간사업자가 적극 진입할 수 있는 환경을 조기에 마련했지만, 한국의 시니어 하우징은 정부의 정책적 뒷받침이 충분하지 않아 여전히 공공임대와 요양시설 사이의 좁은 중간 지대에 머물러 있다. 일본이 서비스를 기반으로 주거를 발전시켰다면, 한국은 '이제 막 주거를 중심으로 서비스를 연결하려고 시도하는 단계'라고 할 수 있다.

해외의 성공 사례를 들여올 수는 없을까

일본 혹은 해외에서 성공했다고 평가받는 시니어 하우징 모델들을 우리가 그대로 옮겨 올 수 있을까를 생각해 보면, 답은 간단하지 않다. 한국의 의료 현장에서도 초고령사회는 이미 현실이다. 진료실에는 80~90대 환자가 넘쳐 나고 대부분 혼자 살고 있어 주 돌봄자가 없다. 그러니 식사나 약 복용을 제대로 하는지 관리하기가 어렵다. 장기요양보험 3·4·5등급의 고령자들은 주변의 돌봄이 버팀목이 되어 주면 자신이 살던 곳에서 여생을 보낼 수 있지만 버팀목이 없으면 어쩔 수 없이 시설로 들어가는 사례가 생긴다.

국내의 각종 정책 문서에서는 매년 '실질적인 치료와 만성질환의 관리를 위해서는 의료와 돌봄이 연계되고 진찰부터 치료·재활까지 통합적으로 제공되어야 한다'라는 문장이 등장하지만 여전히 실현은 어려운 상황이다. 문제들을 알게 되어 개선하고 싶어도 한국의 행정 체계는 여전히 중앙집중적이기 때문에 지역 단위로 자율 조정을 하기가 쉽지 않다. 복지·보건·주거가 서로 다른 부서에서 관리되어 한 지역 안에서도 기관 간의 연계가 지속되기 어려운 체제를 갖고 있다.

무엇보다도 일본과 한국은 겉으로는 매우 비슷한 모습을 하고 있지만 주거 환경이 매우 다르다. 일본이 저층 빌라와 단독주택의 '주택가' 중심이라면, 한국은 고층 아파트의 '단지'가 생활의 기본 단위다. 아파트는 효율적이지만 그 안에서 지역, 동네라는 감정을 느끼기는 어렵고 자원봉사, 주민자치 등이 아직 일반화되지 않아 제도 밖의 지역 교류를 유지하기도 쉽지 않다. 그렇기 때문에 서로 돕기와 지역 교류가 중심이 되는 일본의 모델을 그대로 도입하기는 어렵다.

결국 우리는 일본이나 해외 사례를 따라가는 것이 아니라 그것들의 장점들을 참고로 하고 한국의 행정 구조와 정책, 주거 형태, 생활 문화 등 현재의 상황과 특징을 파악해 우리만의 길을 찾아야 한다. 다만 그 '길'이 어떤 모습일지는 아직 명확하지는 않기 때문에 최대한 많은 당사자들이 참여하여 활발하게 이야기를 나누며 미래를 계획해야 한다.

(필자: 박소정)

고령자에게 더 중요하고 더 필요한 ICT

첨단 기술이 필수적인 노후의 주거와 돌봄

통계청에 따르면 2040년이면 우리나라의 고령자 인구 비율이 일본을 넘어설 것으로 예상되고 합계출산율도 2023년 0.72명, 2024년 0.75명으로서 여전히 인구 대체 수준인 2.1명에 크게 못 미친다. 이러한 인구 구조의 변화는 고령화 대책에도 큰 영향을 끼칠 수밖에 없다.

우선, 노동 시장에서 생산 인력이 감소하면서 장기요양보험의 재정 불안이 심화되어 2026년부터 적자가 발생하고 2031년에는 누적 준비금이 모두 소진될 것으로 예상된다. 돌봄 인력 측면에서는 이미 2025년부터 요양보호사의 수요가 공급을 앞지르기 시작했다.

하지만 불행 중 다행인 것은 한국이 세계에서도 손꼽히는 IT 강국이고 앞으로 노후를 맞이할 세대들은 첨단 기술에 익숙해 지금도 적극 활용하고 있다는 점이다. 돈도 사람도 부족한 상황에서 기술의 활용은 선택이 아닌 필수이다. 재정과 인력 부족이라는 구조적 압박 속에서 돌봄 서비스의 지속가능성을 확보하려면 다양한 기술을 활용한 효율적인 돌봄 체제를 추구해야 한다.

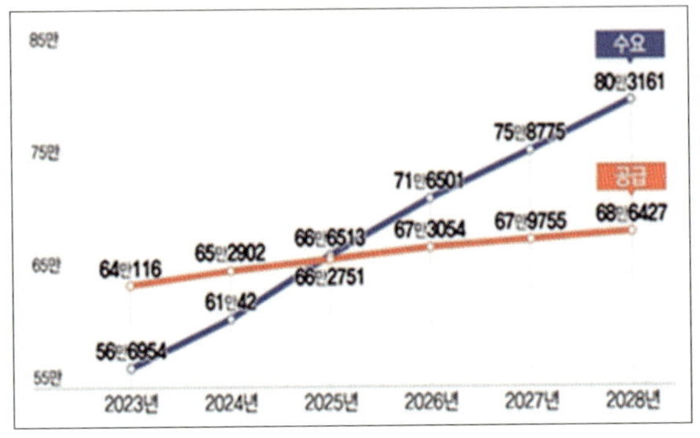

출처: 이희승 외 (2023). 요양보호사 수급 전망과 확보 방안.

첨단 기술을 직접 활용하는 '능동적 노년 세대'

돌봄 수요의 폭증과 제공자 부족 현상은 ICT(정보통신기술)를 활용한 고령자 주거의 변화를 촉진하고 있다. 특히 앞으로는 산업화와 민주화를 직접 경험하고 높은 교육 수준, 경제력을 갖춘 베이비붐 세대가 노후를 맞이하면서 기술을 적극 활용하는 주거 모델이 빠르게 확산될 전망이다. 이들 세대는 일방적으로 '보호받는 노인'이 아니라 기술을 활용해 자신의 삶을 스스로 관리하고자 하는 '능동적인 노인'의 시작이 될 것으로 기대된다. 스마트폰, 키오스크 기계 앞에서 당황하는 노인의 이미지에서 벗어나 젊은 세대와 다름없이 새로운 기술들을 이용하고 즐기는 노인의 모습이 일반화될 듯하다.

이러한 변화와 함께 한국의 고령자 주거는 기존의 '시설 중심'에서 '지역사회 중심'으로 전환될 가능성이 높다. 기술 발전에 힘입어 이제는 오랫동안 살아온 집에서 그대로 지내면서 비대면으로도 돌봄을 받고 외부 활동을 즐길 수 있는 환경이 갖춰지고 있기 때문이다. 인공지능(AI)을 활용한 안부 확인 서비스, 생체 신호를 감지하는 응급안전 모니터링 시스템, 온라인 모임과 원격 교육 프로그램 등은 고령자의 신체적·정신적·사회적 활동을 지원하는 핵심 인프라가 되고 있다. ICT의 활용은 인력 부족으로 인한 대면 돌봄의 한계를 보완할 뿐 아니라 고령층의 사회적 고립과 고독감도 줄일 수 있다. 응급 상황에도 신속히 대응할 수 있도록 도와 지역사회에서의 자립적 노후 생활을 가능하게 한다.

다양한 형태의 차세대형 주거 모델의 확산

ICT의 발전은 고령자 주거의 형태와 개념을 근본적으로 바꿀 가능성을 품고 있다. 첨단 기술은 아직까지 주로 '보호'와 '안정'을 위한 개인 중심의 공간으로 인식되는 노후의 주거를, 온라인을 활용한 '공동체적 생활 공간'으로 확장시킬 수 있다. 이것은 단순한 공간의 변화를 넘어 고령자가 스스로 자신의 삶을 설계하고 타인과의 관계 속에서 의미를 찾는 새로운 주거 패러다임의 등장을 의미한다.

일본은 현재 일부 시설에서만 침대 센서로 수면과 심장 박동을 체크하고 카메라와 센서로 이상 동작을 감지하거나 간병 로봇과 입주자 관리 프로그램을 활용하는 등 기술을 도입하고 있다. 하지만 IT가 발전한 한국의 경우 일반 아파트들이 그러하듯 고령자 시설을 처음 기획하는 단계부터 각종 기술 도입을 검토하기 때문에 더 빠른 발전을 기대할 수 있다.

한편, 첨단 기술을 적극 활용해 기존의 주거 모델을 지금과는 다른 모습으로 바꿀 수도 있다. 예를 들어 우리가 견학했던 컬렉티브하우스의 변화를 생각해 볼 수 있다. 이곳은 취미, 가치관, 생활 양식이 유사한 사람들이 함께 모여 살아가는 주거 형태다. 각자 독립적인 주거 공간이 있기 때문에 사생활은 존중하면서도 공동 식사나 취미 활동, 상호 돌봄 등으로 사회적 유대감을 유지할 수 있는 공동체 모델로서 향후 일정한 수요가 있을 것으로 예상된다.

이러한 곳에 AI와 사물인터넷(IoT) 기술이 결합되면 컬렉티브하우스의 주거 환경이 한층 더 스마트하고 안전하게 진화할 수 있다. IoT 센서 기반의 모니터링 시스템을 이용하면 낙상 등 평상시와는 다른 움직임을 실시간으로 감지해 알리고 원격 돌봄서비스와 연계해 입주자 상태를 지속적으로 관리하면서 필요한 지원을 적시에 연결할 수 있다. 또한 인터넷을 활용해 커뮤니티에서 소통하고 온라인 강의도 할 수 있다. 이러한 환경에서는 신체적 제약이 있는 고령자도 자신의 방안에 갇히지 않고 공동체 안에서 자립성과 안전성, 사람들과의 관계를 유지하며 나름의 역할을 계속할 수 있다. 물론 공동체 외부의 사람, 모임 등과도 온라인을 통해 소통하고 정보를 얻어 활용할 수도 있다.

ICT를 활용한 주거 환경의 변화는 컬렉티브하우스뿐 아니라 요양원, 고령자 주택, 유료 노인홈 등 다른 주거 모델에서도 가능하다. 결과적으로 기술은 고령자가 '돌봄 의존'을 줄이고 일상의 많은 것들을 스스로 결정하며 살아가는 '자기결정적 노년'을 가능하게 하는 역할을 한다. 나아가 이러한 기술적 기반이 확산되면 스마트 실버타운, ICT 연계형 커뮤니

　　　'나답게' 늙어갈 수 있는 집 🔟

티 케어 주택 등 새로운 고령자 주거 모델이 생겨나고 활성화될 가능성
도 커진다.

웨어러블 기기는 '예방적 돌봄 파트너'

AI와 IoT 기술의 결합은 고령자 주거를 기존의 '사후관리 중심'에서 '예
방 중심의 건강관리'로 변화시킨다. 과거의 고령자 주거 관련 서비스가
응급사고 발생 후 '신속한 대응'에 초점을 맞췄다면 지금은 사전에 건강
이상을 '예측'하고 위험을 '예방·관리'하는 방향으로 발전하고 있다. 웨
어러블 활동량 측정기, 블루투스 혈압·혈당 측정기, AI 스피커, 활동 감
지 센서 등은 일상생활 속 데이터를 실시간으로 수집한다. 이러한 데이
터를 인공지능으로 분석하면 개인별 건강 위험을 조기에 예측하고 맞춤
형 생활 습관 개선안을 제시할 수 있다.

생체신호 센서기반 AI사례: 맥케어(McKare), 케어프레딕트(Care Predict)

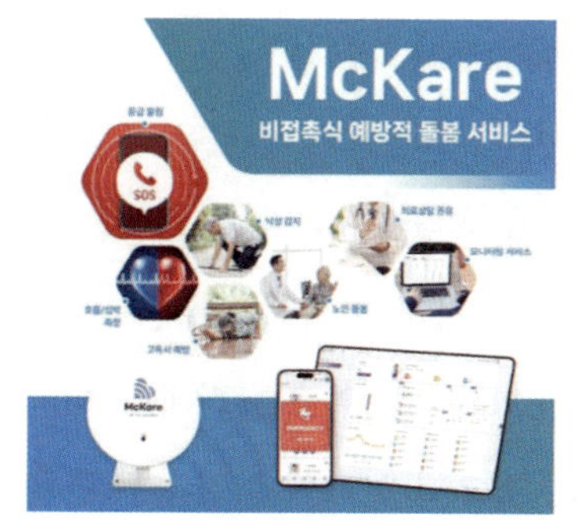

출처: JCF technology(https://jcft-global.com/kr/).
CarePredict(https://www.carepredict.com/).

일례로 미국의 케어프리딕트(CarePredict)는 손목형 웨어러블 기기를 통해 사용자의 보행 속도, 균형감, 행동 패턴을 지속적으로 모니터링한다. 이를 바탕으로 낙상 가능성을 사전에 예측하고 의료진과 연계해 예방적으로 개입할 수 있도록 한다. 이처럼 기술의 발전은 돌봄을 단순한 '감시 시스템'이 아니라 스스로 건강을 관리하도록 돕는 '예방적 돌봄 파트너'로 전환시키고 있다.

감성적 기술이 제공하는 정서적 돌봄

기술 발전과 함께 고령자 주거는 단순한 안전과 돌봄의 공간을 넘어 정서적 교감과 심리적 안정의 공간으로도 확장되고 있다. 일본의 로봇 '파로(Paro)'가 대표적인 사례이다. 아기 물범 형태의 이 로봇은 사용자의 음성, 터치, 감정을 인식하고 반응해 치매 노인의 불안감과 우울감을 완화하는 데 탁월한 효과가 있다고 인정받았다. 실제로 일본의 요양시설에서는 파로와의 대화, 상호 작용을 통해 노인들의 정서적 안정과 사회적 참여가 향상되었다는 연구 결과가 보고되고 있다.

한국에서도 '효돌', '다솜' 등 AI 반려 로봇이 빠르게 보급되고 있다. 이러한 돌봄 로봇들은 약 복용 시간 알림, 운동 권유, 대화 기능은 물론 사용자의 감정 패턴을 학습해 개인별로 적합한 정서적 대응을 한다. 기술이 단순한 '도구'에 그치지 않고 감정을 이해해 위로를 건네는 '디지털 파트너'로 진화하고 있는 것이다. 물론 기술이 인간의 감정적 결핍을 완전히 대체할 수는 없다. 그러나 기술이 인간의 정서적 한계를 보완해 외로

움을 완화하고 일상에서 따뜻한 존재감을 발휘한다면 분명 노후의 삶의
질은 한 단계 더 높아질 수 있다.

고령자를 위한 돌봄로봇: 한국의 효돌, 일본의 아이보(Aibo)와 파로(Paro)

출처: 효돌홈페이지(https://hyodol.com/)
아이보홈페이지(us.aibo.com)/파로홈페이지(parorobots.com).

기술이 이끄는 새로운 노인 주거 패러다임

이처럼 미래의 노인 주거는 기술을 매개로 하는 건강관리·예방 중심
의 생활공간이자 감성적 돌봄 공동체로 진화할 것으로 기대된다. AI와
IoT 기반 생체 데이터 인식 기기, 돌봄 로봇, 원격의료 시스템이 노인의
일상 속에 자연스럽게 스며들어 주거 공간을 혁신적으로 변화시키는 등
기술은 단순히 삶을 편리하게 만드는 수단을 넘어 노년의 삶의 방식과
사회적 관계를 재구성하는 핵심 동력으로 작용하게 될 것이다. 노인도
이제 기술을 활용해 자신의 건강과 일상을 스스로 관리하고 각종 기계와
인터넷을 활용해 지역사회, 이웃과의 관계를 이어 가면서 존엄과 자율성
을 지키며 살아갈 수 있다. 첨단 기술이 인간을 대체하는 것이 아니라 인

간의 가능성을 확장하는 방향으로 발전한다면 진정한 의미의 '노인 친화적 주거 혁신'도 실현될 것으로 기대된다.

단, 수많은 기술이 있다고 해도 이것을 실제 주거 모델에서 활용하려면 제도적인 뒷받침이 필요하다. 대표적인 것이 원격 의료 기술이다. 기술적으로는 가능해도 이를 이용할 수 있는 법적인 근거와 현실적인 의료 수가 등 제도와 정책의 지원이 없으면 무용지물이다. 일본은 코로나를 계기로 원격 의료 가능 범위를 대폭 확대했다. 한국도 원격 의료뿐 아니라 고령자의 건강 관리에 활용할 수 있는 기술을 폭넓게 검토해 활용할 수 있는 환경을 마련할 필요가 있다.

(필자: 김정근)

'나답게' 늙어갈 수 있는 집 🏠

물리적, 제도적 환경이 갖춰지면 행복할 수 있을까
노후 준비의 완성은 서로의 '마음'

앞에서 우리는 노후를 위해 필요한 각종 시설과 서비스, 제도 등에 대해 논의해 왔다. 물리적, 제도적으로 기본적인 환경이 갖춰져야 다음 단계를 계획하고 우리의 미래를 상상할 수 있기 때문이다. 단, 수많은 문제와 나아가야 할 방향을 논의하면서 딱 한 가지 빼놓은 것이 있다. 바로 돌봄을 주는 사람, 받는 사람 그리고 함께 살아가는 모든 이들의 '마음'에 대한 이야기이다.

한국 사람들이 나이가 들고 노인이 되는 것을 유난히 걱정하고 우울하게 느끼는 이유가 단지 경제적으로 여유가 없고 필요한 시설, 서비스가 없기 때문일까? 그렇다면 정부가 기본적인 생활비를 보장하고 필요한 시설과 서비스만 제공하면 우리는 노후에도 정말 행복할 수 있을까?

가장 큰 장벽은 사회에 팽배한 '노인 혐오'

사실 한국 사회가 마주한 가장 거대한 장벽은 부족한 자본이나 더딘 개발 속도가 아니다. 그보다 더 큰 걸림돌은 사회 전반에 퍼져 있는 연령주의, 노인에 대한 혐오와 뿌리 깊은 편견이다. 우리는 언젠가부터 노인을 '쓸모없는 존재', 혹은 '사회의 짐'이나 '비용을 유발하는 집단'으로 여기는 차가운 시선에 익숙해졌다. 단지 커피를 마시러 커피숍에 들어갔을 뿐인데 '노인들이 왜 이런 곳에 오냐'며 눈총을 주고 여행을 가도 서비스 정신이 철저한 고급 호텔이 아니면 딱히 반기는 분위기가 아니다. 경제적으로 여유가 있는 노인이 일상인으로서 계속 활동하기 위해 돈을 벌러 나가면 '돈도 있는 노인네가 남의 일자리를 뺏는다'라고 흘겨보고, 가난한 노인이 생활비를 직접 벌기 위해 일하면 '나이 들어서 돈도 없는 불쌍한 노인네'라고 무시한다.

일본의 경우 젊은 시절 버블경제를 만끽하며 돈을 벌었던 현재의 고령자들이 많은 현금을 보유하고 있지만 한국의 고령자들은 사회구조상 일부 부유층 이외에는 대부분 여유 자금이 별로 남아 있지 않다. 급속한 경제 발전 속에서 자신의 모든 것을 바쳐 일했지만 일본의 버블경제기와 같은 '부'를 누리지 못했고 어렵게 모은 재산도 자녀가 결혼할 때 도와주느라 많은 부분이 사라진다. 남은 재산이 있다고 해도 과거의 절약 정신과 조금이나마 더 남겨서 물려주겠다는 생각에 제대로 쓰지 못한다. 결국 한국의 노인은 경제적인 풍족함도 노후의 문화생활도 즐기지 못한 채 '부담이 되는 존재'로 굳어지고 있다.

여기에 더해 사회 인식의 변화를 주도해야 할 미디어에서는 노년의 지혜보다는 고집과 무력함을 부각하고 '틀딱', '연금충'과 같은 혐오의 표현이 일상에서 여과 없이 사용되며 세대 갈등을 조장한다. 이러한 무의식적인 혐오와 편견은 노년의 삶을 활력과 성숙이 아닌, 오직 쇠락과 의존의 과정으로 인식하게 만든다.

노인을 돌봄의 대상으로만 보니 이들을 위한 주택이나 시설, 서비스에

 '나답게' 늙어갈 수 있는 집

투입되는 자원을 미래를 위한 투자가 아닌 소모적 비용으로 치부하게 만든다. 당장 눈앞의 효율성만 따지며 장기적인 투자를 주저하게 만드는 것이다. 노인 주거 및 요양 시설이 들어서는 것을 혐오 시설로 취급하는 님비 현상 역시 그 본질은 이러한 편견과 맞닿아 있다.

삐뚤어진 고령 세대의 편견과 '존경 요구'

하지만 이러한 문제는 오직 사회와 젊은 세대의 잘못된 생각과 행동만이 원인은 아니다. 어찌 보면 더 심각한 문제는 노인 당사자에게 내면화된 편견이다. 평생 가족을 부양하는 역할에 익숙했던 지금의 노인 세대는 과거의 노인 공경 문화를 강조하며 젊은 세대에게 자신에 대한 '존경'을 기대한다. 더 나아가 상대의 양보와 배려, 존중을 당당하게 '요구'하고 세상의 변화를 받아들여 맞춰 가기보다는 자신만의 생각을 끊임없이 강요해 '꼰대'라는 비난을 자초하기도 한다. 전철에서 노약자석에 앉은 임산부, 피곤함에 지친 직장인에게 자리를 비키라고 큰소리를 쳐 싸움을 초래한 사례 등 삐뚤어진 마음의 몇몇이 일으킨 소란 때문에 노인에 대한 인식이 더 악화되는 일도 적지 않다.

그뿐만이 아니다. 현재의 고령자들은 평소 생활에서는 배려를 바라지만 누군가의 돌봄을 받게 되면 그 자체를 삶의 실패나 굴욕으로 받아들이는 경향이 있다. '자식들에게 짐이 되기 싫다'라는 말은 숭고한 미덕처럼 여겨지지만 이면에는 도움을 요청하는 것을 수치스럽게 여기는, 돌봄받음에 익숙하지 않은 마음이 단단하게 자리 잡고 있다. 이 마음은 아파도 참게 만들고 도움이 절실한 순간에도 망설이게 하며 돌봄 제공자들을 힘들게 만든다. 결국 스스로 자신을 고립시키는 가장 높은 심리적 문턱이 된다.

막대한 예산을 들여 최첨단 기술이 집약된 실버타운을 짓고 최고 수준의 서비스를 제공한다고 해도 그곳에 사는 노인 스스로가 '나는 이제 쓸모없는 존재가 되어 이곳에 격리되었다'라고 생각한다면 밝고 행복한 공간이 되기 어렵다. 고령자 자신이 사람들과의 소통을 위해 노력하지 않으면 앞에서 이상적이라고 말한 '지역사회와 교류하는 고령자 시설'을 실현하는 것은 불가능하다. 아무리 훌륭한 시설과 경쟁력 있는 서비스를 시장에 쏟아부어도 그것을 사용하는 사람과 제공하는 사람, 그리고 바라보는 사회의 인식에 이처럼 견고한 편견의 벽이 가로막고 있다면 그 모든 노력은 공허한 구호에 그치고 만다.

결국 '노인을 위한 집'을 완성하는 마지막 열쇠는 초고령 장수 사회를 살아가는 우리 모두의 인식과 마음의 변화다. 나이 듦을 쇠퇴나 질병이 아닌 삶의 자연스러운 단계로 받아들이고 돌봄을 시혜나 동정이 아닌 모두가 누려야 할 권리이자 소통의 방법으로 인식하는 것, 젊은 시절뿐 아니라 노후도 적극적으로 즐기고 모두와 함께 살아가기 위해 계속 노력하려는 마음이 필요하다. 이러한 '마음의 인프라'가 갖춰져야 개인과 사회 모두가 건강하게 늙을 수 있다.

편안한 노후를 위한 자기 점검, 나는 무엇이 두려운가?

마지막으로, 현재 노후의 시간을 보내고 있는 사람, 그리고 앞으로 노후를 맞이하게 될 세대 모두 행복한 노후를 보내기 위해서는 스스로 마음의 준비가 되어 있는지 자기 점검을 해 볼 필요가 있다. 현재 노인들이 나이 듦과 돌봄을 자연스럽게 받아들이지 못하고 젊은 세대와 갈등을 빚는 원인 중 하나는 '긴장감'이다. 그리고 사람의 긴장감은 두려움에서 생긴다. 그렇다면 그것은 도대체 무엇에 대한 두려움일까?

노년을 앞두고 우리가 마주하게 되는 가장 근본적인 질문은 "나는 무엇이 두려운가"일지도 모른다. 많은 사람들은 외로움이나 질병, 혹은 경제적 불안정이라고 대답한다. 하지만 더 근원적인 두려움은 어쩌면 너무 길어진 노후의 시간 그 자체가 아닐까. 이제는 누구나 과거에 예상하지 못했던 30년, 길게는 40년 넘는 노년기를 '살아 내야' 하는 시대다. 그 긴 시간 속에서 '어떻게 살아야 하는지'에 대한 정답이 없다는 사실이 가장 두려운 것이다.

이제는 전통적인 라이프 코스(결혼, 자녀 양육, 정년퇴직, 은퇴 후 손자 돌보기)에서 벗어난 인생이 점점 많아지고 있다. 더 이상 집단적으로 따라가는 '노후 생활에 대한 정답'이 존재하지 않는 시대이다. 아무도 알려 주지 않지만 각자가 고민해서 자기만의 방식으로 '인생 후반전'을 재설계해야 한다.

철학 분야에 '존재는 본질에 앞선다'라는 말이 있다. 인간은 세상에 태어난 이후에 어떤 존재가 될지 스스로 선택한다는 뜻으로서 인간의 자유·선택·책임을 강조하는 실존주의 철학의 근본 명제이기도 하다. 인생에는 단 하나의 정답도 없기 때문에 스스로 선택하고 계획하고 책임지며 살아가는 것이라는 이 명제는, 정해진 삶의 길이 사라져 노후라는 공백을 스스로 채워야 하는 지금의 우리에게 꼭 필요한 말 중의 하나이다.

이것을 받아들인다면 노후의 긴 공백을 두려워하는 것이 아니라 시간적, 물리적 제약에서 해방되어 자유를 만끽하며 자신만의 계획을 세울 기회로 만들 수 있다. 노년기는 타인의 시선에서 벗어나 누구의 기대도 시선도 신경 쓰지 않아도 되는, 남의 기준으로 살지 않아도 되는 마지막 기회다. 그리고 수많은 경험과 시간을 통해 타인의 시선보다 내 마음의 행복과 평안함이 무엇보다 중요하다는 사실도 충분히 알게 되는 시기다.

결국 우리가 가장 두려워하는 것은 외부 환경이 아니라 삶의 의미를 잃는 것이다. 하지만 자기 삶의 의미는 누가 대신 정할 수 없다. 은퇴 후 30년의 삶을 어떻게 설계할지는 전적으로 개인의 몫이다. 혼자 살기를 택할 수도 있고 친구들과 소규모 공동체를 만들 수도 있다. 새로운 분야를 공부하거나 그림을 그리거나 봉사 활동에 참여할 수도 있다. 중요한 것은 무엇을 하느냐가 아니라 그것을 통해 내 삶의 의미를 찾는 것이다.

고령화 사회를 살아가는 우리는 이제 '정답이 없는 삶'의 길을 받아들이고 그 안에서 자신만의 삶을 새롭게 구성하는 능력을 길러야 한다. 단순히 오래 사는 것이 아니라 스스로 선택한 방식으로 의미 있게 살아가는 삶. 그래서 강요해 받는 배려가 아닌 자연스러운 존중과 존경을 받는 어른, 그것이 우리가 궁극적으로 추구해야 할 노후의 모습이다.

(필자: 김종석 · 김수동 · 나무)

'나답게' 늙어갈 수 있는 집 ⓵

비즈니스는 어떤 영역에서 어떤 역할을 해야 할까

안세진

비즈니스 어드바이저

인구 고령화가 빠르게 진행되고 있지만 고령자를 위한 주거는 제한적 공급에 그치고 있는 한국의 현실에서, 지속 가능하면서도 사회적 가치를 실현하는 산업 생태계를 구축하는 것은 선택이 아닌 필수 과제이다. 한국 사회는 지난 20년간 척박한 환경에서 고령자 주거 산업을 탄생시키고 이끌어 온 산업계의 성과를 인정해야 한다. 하지만 그 과정에서 높은 보증금을 요구하는 초호화 실버 타운 중심의 개발이 사회적 불균형을 부각시키고 사회적 박탈감을 높였을 뿐 아니라 관리 부실로 인한 법적 분쟁을 초래해 평안해야만 할 노년에 깊은 상처를 준 산업계도 책임을 부인하기는 어렵다.

앞으로 시대적 필요에 대응하면서도 책임감과 공공성을 가지고 비즈니스를 개발하고 성공적인 산업 생태계를 조성하려면 이전과는 다른 접근이 필요하다. 과거 문제에 대한 땜질식 대응도 빠른 공급을 유도하기 위한 적극적 지원도 근본적인 문제에 대한 해법은 아니기 때문이다. 이제는 민간 기업이 고령자 주택의 어떤 영역에서 어떤 역할을 해야 하는지 산업계뿐만 아니라 정부, 사회가 다 함께 고민해야 한다.

이윤을 먹고 성장하는 것이 비즈니스의 본질

'비즈니스'라는 것은 이윤을 먹고 자라고 성숙된다. 따라서 고령자 주택 분야에 민간 기업이 참여할 때의 역할은 '이윤 추구 가능성'을 중요한 축으로 삼아야 한다. 이를 위해서는 질 높은 시설과 서비스 공급자, 지불 의사와 능력이 있는 충분한 소비자가 존재해야 한다. 다음의 그림 '사업적 관점의 시장 구성'을 보면 알 수 있듯이 민간 기업은 우선 1사분면(비즈니스의 핵심 영역)에서 사업적 의미를 가진다고 할 수 있다.

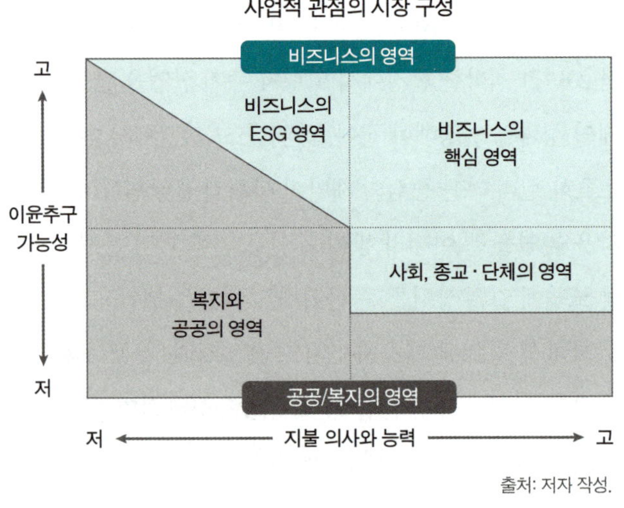

출처: 저자 작성.

 '나답게' 늙어갈 수 있는 집

하지만 공공성과 정부/사회의 참여, 그리고 이를 통한 기업의 이윤 확대 가능성까지 종합적으로 고려하면 비즈니스는 2사분면의 일부(비즈니스의 ESG 영역)와 4사분면의 일부(사회, 종교 단체의 영역)까지 영역을 확대해서 생각할 수 있다.

만약 고령자 주거 산업이 아무것도 없는 무에서 유를 만들어야 하는, 즉 오로지 신규 수요만 있는 시장이라고 가정한다면 위와 같은 정의로 충분할 수 있다. 그러나 한국은 이미 약 75%의 고령자가 자신의 집을 소유하고 있다는 점을 고려하면(국토교통부, 2024년 주거실태조사), 신규 공급만으로 시장 수요에 대응하는 것은 사회적인 중복 투자와 큰 낭비가 될 수 있다. 또한 인구 감소로 인한 향후 주택 수요 감소와 대부분의 설문조사에서 80% 이상의 고령자가 '살던 집에서 계속 살고 싶다'라고 답하는 시장의 니즈를 생각한다면, 시장을 구분하고 산업 성장 시나리오를 마련할 때 '기존 주택의 활용'이라는 관점을 반드시 포함시켜야 한다.

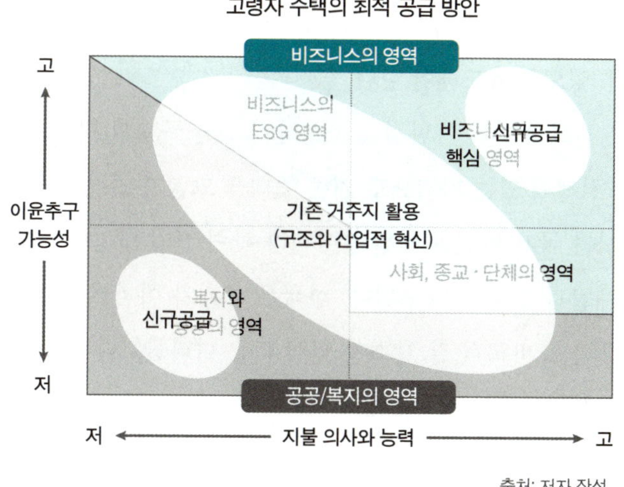

고령자 주택의 최적 공급 방안

출처: 저자 작성.

더 나아가 고령자 주거에서는 '기존 거주지 활용 방안'을 최우선적으로 모색하고 신규 공급은 그림의 1사분면과 3사분면의 일부로만 제한하는 것이 바람직하다. 그래야만 현재 급증하는 고령자 주택 수요에 효율적으로 대응하고 사회적 자원 활용을 최적화할 수 있기 때문이다. 결국 신규 공급보다는 기존 거주지에서 잘 살아갈 수 있도록 하는 '혁신과 변화'가 산업계에게 주어진 가장 중요한 역할이라고 할 수 있다.

기존 거주지 활용을 위한 비즈니스 혁신의 방향

기존 거주지에서 계속 생활하기 위해서는 우선 안정적인 현금 흐름이 필수적이다. 그러나 대다수의 한국 고령층은 경제적 여력이 충분하지 않다. 공적 연금과 기초 연금을 확충해 기본 생활비의 보장도 강화해야 하겠지만, 무엇보다도 기존 주택 자산을 생활비로 활용할 수 있는 역모기지 제도를 활성화할 필요가 있다. 금융권은 물론이고 정부에서도 제도 정비와 활성화를 통해 자가 거주의 근간이 되는 '안정적 현금 흐름'을 확보할 수 있도록 유도해야 한다.

고령자 친화적인 거주 환경을 조성하기 위한 주택의 개보수도 빼놓을 수 없다. 경쟁력 있는 가격으로 기존 주택을 고령자 친화 환경으로 바꾸기 위해서는 국가 차원의 지원뿐 아니라 관련 산업 활성화, 기업들의 적극적인 개발과 참여가 요구된다. 한국은 주거가 아파트 단지 중심이고 사회 인프라도 비교적 잘 갖춰져 있어 다른 나라들보다 훨씬 빠른 시간 내에 성장시킬 수 있는 분야다.

이에 더해 실질적인 생활을 위해서는 간병/요양, 가사 지원, 식사 배달, 이동 지원과 같은 각종 서비스가 필요한 곳에 촘촘하게 제공되어야 한다. 우리나라는 이미 첨단 물류시스템, 각종 배달 시스템이 활성화되어 있어 제한적 투자만으로도 단기간에 고령자를 위한 서비스 인프라와 체계를 갖출 수 있고 이것이 하나의 산업 분야로서도 충분히 성장할 가능성이 있다.

의료 서비스의 경우는 제도적으로도 산업적으로도 많은 변화가 필요하다. 현재 우리나라는 원격 의료에 대해 매우 신중한 입장이지만 실질적인 수요와 확대되는 사회적 요구에 맞춰 달라질 수밖에 없다. 의료는 공공의 성격이 강하지만 코로나 확산 시기에 일본을 비롯한 곳곳에서 성과가 증명된 약 배송 등은 첨단 기술 개발을 주도하는 산업계가 경쟁력을 확보할 수 있는 분야 중 하나이다.

이 외에도 AI와 로봇은 특히 고령자를 위한 사회적 비용을 줄이고 서비스 수준을 높이기 위해 매우 중요한 분야이다. 산업적으로 매우 큰 가능성이 있는 분야라는 점에는 의심할 바가 없다. 단, 고령층의 디지털 소외와 격차, 낮은 수용성에 대해서는 지금부터 지속적으로 준비하고 개선해 나가야 적기에 필요한 효과를 거둘 수 있을 것이다.

위에서 언급한 비즈니스의 혁신 영역은 적극적으로 개발한다면 향후 국내뿐 아니라 해외에도 진출해 국가의 중요한 수익원으로 성장시킬 수 있다.

비즈니스 영역의 활성화를 위한 전제 조건

한편, 지금까지 비즈니스 개발, 시장 확대, 산업 활성화를 이야기할 때는 관련 논의와 실행이 '제도와 지원'에 집중되는 경향이 강했다. 하지만 무엇보다 우선되어야 할 것은 정확한 관련 데이터의 확보와 제공이다. 이미 여러 기관에서 다양한 통계 데이터를 수집하고 자료를 만들고 있지만, 앞으로는 더 상세하고 정확한 지역 단위의 수요, 사회 인프라와 서비스 등의 현황 자료를 만들어야 한다. 이러한 자료들을 축적해 고령자 주택에 대한 산업 클러스터 데이터로 발전(또는 통합)시켜야 불필요한 과잉투자나 공급부족으로 인한 가격 왜곡 현상 없이 장기적인 관점에서 비즈니스를 개발하고 안정적으로 성장시켜 나갈 수 있다.

'나답게' 늙어갈 수 있는 집

가속화되는 고령화, 정체 중인 정부의 정책

강은나 연구위원

한국보건사회연구원

　우리나라 노인복지 정책 제도의 출발점은 1981년에 제정된 노인복지법이라 할 수 있다. 65세 이상 노인 인구 비율이 약 4%에 불과했던 1980년 전후까지 노인 돌봄은 전적으로 가족의 책임이었다. 보살펴 줄 가족이 없는 빈곤 노인에게는 노인공동생활가정이나 양로원(현 양로시설)에 입소할 기회가 주어졌다. 즉, 당시의 노인 주거복지시설은 무의탁 빈곤 노인이 거주하는 '생활 시설'의 기능과 '돌봄 기능'을 동시에 담당하였다.

　1990년 들어 재가 복지정책의 틀이 갖춰지면서 시설에서 담당하던 노인 돌봄 기능이 시설과 재가서비스로 분화되었다. 1989년 노인복지법에서 재가 복지가 명시되었고 1993년의 노인복지법 개정을 통해 가정 봉사원 파견사업, 주간보호서비스, 단기보호서비스로 세분되었다.

　그 후 전체 인구에서 고령자의 비율이 7%를 넘는 '고령화 사회'에 접어든 2000년을 기점으로 정부의 고령화 대응 정책이 본격화되었다. 2000

년대 중후반에 기본돌봄서비스, 종합돌봄서비스, 노인장기요양보험이 연이어 도입되면서 돌봄 정책의 틀이 갖춰지게 되었다고 할 수 있다. 2000년대 중반까지는 노인 주거 복지가 무의탁·빈곤 노인을 책임지는 돌봄 서비스의 기능을 병행했다면 2000년대 중반부터는 재가 중심의 돌봄서비스가 확대되고 노인요양시설이 급증하면서 시설의 돌봄 기능은 점차 약화되었다.

또한 2008년 지역사회통합돌봄(커뮤니티 케어)이 정책화된 이후에는 주거와 돌봄, 그리고 의료까지 연계, 통합하려는 시도가 이어지고 있다. '통합돌봄'에서 노인 주거 정책은 기존의 양로시설이나 노인요양시설과 같은 생활 시설보다 자신의 집에서 최대한 오랫동안 거주할 수 있도록 돕는 주택 개조 지원, 퇴원 후 잠시 머물면서 돌봄서비스를 받을 수 있는 단기 거주 공간 제공을 강조한다는 측면에서 차이가 있다.

양극화된 노인 주거 정책

현재 한국의 노인 주거 정책은 보건복지부의 '노인 주거복지시설(노인 공동생활가정, 양로시설, 노인복지주택)'과 국토교통부의 '고령자복지주택'으로 이원화되어 추진되고 있다. 보건복지부의 노인 주거복지시설은 생활 시설의 개념으로서 규모에 따라 요양보호사, 사회복지사, 간호 인력, 조리사 등이 근무하며 입소한 노인의 일상생활을 지원한다. 반면 국토교통부의 고령자복지주택은 독립된 주거 공간에서 대부분의 일상생활을 입주자 본인이 스스로 책임지는 구조이다.

　'나답게' 늙어갈 수 있는 집

2008년 노인장기요양보험이 도입되면서 주거와 돌봄 기능이 노인 주거 복지시설에서 노인요양시설로 옮겨 가면서 보건복지부의 노인 주거복지 시설은 감소하는 추세이다. 2024년 말 기준 전국 297개 시설에 약 15,000명이 거주하고 있다. 한편 국토교통부의 고령자복지주택은 주로 노인을 위한 영구 임대아파트로서 주로 무주택 빈곤 노인이 입주 가능하며 2016년 이후 매년 10개 지구, 약 1,000호의 물량이 선정되고 있다. 2023년 상반기 기준으로 78개 지역에서 8,098호가 운영 또는 건립 중이다.

노인 주거복지시설 유형별 현황

(단위: 개소)

구분	2012	2014	2016	2018	2020	2022	2024
소계	416	443	425	390	352	308	281
양로시설	285	272	265	238	209	180	166
노인공동생활가정	108	142	128	117	107	89	72

출처: 「노인복지시설현황」, 보건복지부. 각 연도.

노인 주거복지시설 입소 정원

(단위: 명)

구분	2012	2014	2016	2018	2020	2022	2024
소계	18,179	20,110	19,993	19,897	20,497	19,355	19,412
양로시설	13,164	13,903	13,283	12,510	11,619	9,752	9,567
노인공동생활가정	887	1,173	1,062	998	953	763	614

출처: 「노인복지시설현황」, 보건복지부. 각 연도.

일반적으로 노인 주거정책의 대상은 저소득층(고령자복지주택, 노인 공동생활가정, 무료/실비 양로시설)과 고소득층(노인복지주택, 유료양로시설)으로 양분되어 있다. 최근에는 빈곤·무의탁 노인 중심인 노인공동생활가정과 양로시설은 감소하는 반면, 무주택 저소득 노인 대상인 고령자복지주택은 지속적으로 공급이 확대되고 있다. 다른 한편으로는 고소득층 중심의 고급형 주거 시설인 노인복지주택이 급증하고 있지만 중산층 노인에게 적합한 노인 주거시설은 찾아보기 힘든 실정이다.

노인 주거 정책의 정체 현상과 그 원인

이처럼 짧은 기간에 많은 변화를 겪었던 한국의 노인 주거 정책은 현재 앞으로 더 나아가지 못하고 정체된 모습을 보이고 있다. 이유는 다양하지만 가장 근본적인 원인은 고령화 이상으로 심각해진 저출생 문제, 한국 특유의 부동산 소유 현황을 들 수 있다.

첫째, 초고령화에 버금가는 초저출생의 위험

압축적인 고령화와 초저출생이라는 두 마리의 토끼를 잡기에는 우리나라 정책과 재정적인 여건이 녹록지 않았다. 한국은 지난 15년간 노인 빈곤과 돌봄을 중심으로 고령사회 대응 정책을 확대하던 과정에서 급격한 초저출생이라는 또 다른 복병을 만났다. 세계적으로 유례가 없을 정도의 급격한 출생률 저하가 심각한 사회 문제로 대두하면서 일·가정 양립 제도, 고용과 가족 지원 등 저출산 정책에도 사회적 자원을 투입해야

만 했다. 결국 이러한 정책, 재정의 제약 속에서 노인 주거정책은 후순위로 밀리게 되었다. 최근 주거 정책에서 노인 주거정책보다는 청년이나 신혼부부를 위한 정책이 확대된 것도 청년 세대의 주거 안정성이 노년 세대보다 더 취약하다는 현실을 반영한 결과라고 할 수 있다.

둘째, 높은 주택 소유 비율

노인 주거정책이 발전하지 못하는 또 하나의 이유는 고령자들의 높은 자가 소유율이다. 우리나라 노인들에게 집을 소유한다는 것은 주거의 안정성을 넘어 경제적 안정과 심리적 건강을 위한 사적인 안전망으로 인식된다. 이를 고려해 정부는 노인 주거정책의 방향을 AIP(Aging In Place: 노후에도 살던 지역에서 계속 생활하는 것) 중심으로 전환하였고, 지금은 새로운 주거 모델을 개발해 건축하기보다는 노인들이 소유한 집에서 최대한 오랫동안 노년기를 영위할 수 있도록 돕는 재가서비스 개발과 제공에 초점을 두고 있다.

셋째, 지속적인 재가서비스의 확대

2000년 이후 도입된 노인일자리사업, 기초연금, 노인장기요양보험 등의 재가복지서비스는 기존의 빈곤 노인 중심의 선별적 복지정책에서 비빈곤 노인을 포함하는 보편적 노인복지정책으로 전환하였다. 전체 노인의 약 70%에게 지급되는 기초연금은 불충분한 노후 소득을 보완했고 노인의 사회참여와 빈곤 완화를 위한 노인일자리사업, 소득이나 자산 수준과 관계없이 돌봄 필요에 따라 제공되는 장기요양서비스는 경제적 어려움, 주거 불안정성, 돌봄 공백으로 인해 불가피하게 노인 주거복지시설에 입소해야 했던 노인의 수를 줄이는 데 중요한 역할을 하였다. 이러한 변화는 가능한 한 오랫동안 자신의 집에서 생활하다가 병원이나 요양시설에서 생애 마지막을 맞이하는 것이 일반적인 생애 설계로 자리 잡는 데 영향을 미쳤다. 즉, 노년기에 자신이 살던 집을 떠나 새로운 주거 공간으로 이동하려는 수요가 크게 늘지 않아 노인 주거복지시설이나 고령자복지주택 이외의 새로운 노인 주거모델을 개발, 확장하는 데 한계로 작용하고 있다.

한국 사회는 노인 인구 천만 명을 넘어서 인구 5명 중 1명이 65세 이상 노인인 초고령 사회에 진입하였다. 노인 인구의 증가에 더해 노인이 가지는 보편적 특성보다 개인 간 이질성이 두드러지면서 기존의 획일적이고 단편적인 노인 주거정책에 대한 변화 요구도 커질 것으로 예상된다. 이러한 노인 주거 욕구의 다양화와 특성화에 대한 대응이 정부 주도로 이루어질지, 민간 주도도 실현될지 아직 예측하기는 어렵다. 그러나 앞으로 길어진 노년기를 안정적으로 책임질 새로운 주거 옵션을 적극적으로 고민하고 모색해 새로운 길을 찾기를 기대한다.

◆ 명칭: 미소노코(みそのっこ)

◆ 위치: 히로시마현

◆ 시설 종류: 복합 시설(그룹홈, 간호소규모다기능거택개호(간타키) 등)

◆ 운영 주체: 주식회사 유즈

◆ 이용 정원: 그룹홈 18명, 간타키 29명 등

◆ 명칭: 고토엔(江東園)

◆ 위치: 도쿄도

◆ 시설 종류: 복합 시설(서고주, 특양, 보육원, 장애인 돌봄 등)

◆ 운영 주체: 사회복지법인 고토엔

◆ 이용 정원: 양호노인홈 50명, 특양 50명, 데이서비스 36명, 어린이집
  138명 등

◆ 명칭: 유즈노야(ゆずの家)

◆ 위치: 히로시마현

◆ 시설 종류: 지역밀착형 특별양호노인홈(특양)

◆ 운영 주체: 사회복지법인 유즈

◆ 이용 정원: 3유닛/29명

◆ 명칭: 모토소자 코몬스(元総社コモンズ)

◆ 위치: 군마현

◆ 시설 종류: 복합 시설(서고주, 컬렉티브하우스, 데이서비스 등)

◆ 운영 주체: 주택공급공사(공공기관)

◆ 이용 정원: 서고주 60호실, 컬렉티브하우스 12세대

◆ 명칭: 긴모쿠세이 우라야스(金木犀-浦安)

◆ 위치: 도쿄도

◆ 시설 종류: 서고주

◆ 운영 주체: 민간기업 실버우드

◆ 이용 정원: 총 42호실(2024년 시점 44명 입주 중)

◆ 명칭: 모리 노 이야시하우스 분교세키구치(杜の癒しハウス文京関口)

◆ 위치: 도쿄도

◆ 시설 종류: 복합 시설(개호 제공 유료노인홈, 일반 임대 주택)

◆ 운영 주체: 사회복지법인 산코복지회

◆ 이용 정원: 유료노인홈 22호실, 일반 임대 4호실

◆ 명칭: 고향의집 교토(故郷の家:京都)

◆ 위치: 교토부

◆ 시설 종류: 특별양호노인홈(특양)

◆ 운영 주체: 사회복지법인 '마음의 가족(こころの家族)'

◆ 이용 정원: 총 100호실

◆ 명칭: 후레아이코프(ふれあいコープ)

◆ 위치: 도치기현

◆ 시설 종류: 복합 시설(서고주, 특양, 방문 돌봄 서비스 등)

◆ 운영 주체: 사회복지법인 후레아이코프

◆ 이용 정원: 서고주 28호실, 특양 70호실, 그룹홈 18명 등

◆ 명칭: 오노미치 할머니와 나 호텔(尾道のおばあちゃんとわたくしホ
　テル)

◆ 위치: 히로시마현

◆ 시설 종류: 장기요양 서비스 제공 호텔

◆ 운영 주체: 주식회사 유즈

◆ 이용 정원: 객실 3개(2인실 2개, 4인실 1개)

◆ 명칭: 다마가와 주택(多摩川住宅)

◆ 위치: 도쿄도

◆ 시설 종류: 대규모 아파트 단지(임대 주택+분양 주택)

◆ 운영 주체: 도쿄도 주택공급공사+주민 자치회

◆ 단지 규모: 88개동, 약 3,900세대(총 6개 小단지)

🏠 참고 문헌

강은나(2021), ‘노인주거복지시설의 현황과 과제’, ‘보건복지포럼(2021년3월호)’, 한국보건사회연구원, pp88-102.

김세진, 김혜수, 이윤경(2021), ‘노인요양시설의 지역별 수요-공급적정성 분석’, 한국보건사회연구원.

기획재정부(2024), ‘시니어 레지던스 활성화 방안’ (관계부처 합동 발표자료).

류재광(2014), ‘일본 장기요양보험제도의 제도 개혁과 시사점’, “월간 생명보험”, 2014 년4월호.

류재광(2018), ‘일본 장기요양 비즈니스 현황과 시사점’, ‘시니어케어 서비스 활성화와 공사협력’, 보험연구원 심포지엄 자료집.

류재광(2023), ‘일본 노인간병 현황과 중산층을 위한 고령자 돌봄주택 비즈니스의 성장이 주는 시사점’, ‘보험연구원 산학세미나 자료집’.

류재광(2025), ‘일본 고령자돌봄주택 비즈니스 동향과 시사점’, ‘생명보험협회 업계 세미나 발표자료집’, 생명보험협회.

보건복지부(2024), ‘새로운 임대주택 공급방안’.

보건복지부(2024), ‘시니어 레지던스 활성화 방안’.

보건복지부(2025), ‘초고령화 대응방향-지역사회 중심 통합돌봄체계 강화방안’.

원시연(2023), ‘초고령사회 대응 노인복지법의 현황과 개선과제’, 국회입법조사처.

이상우(2019), ‘일본 보험회사의 간병사업 진출 현황과 함의’, ‘고령화 리뷰’ 제30호 이슈분석, 보험연구원.

저출산고령사회위원회(2025), ‘초고령화 대응방향’.

조용운(2021), ‘한일 장기요양서비스 공급체계 비교 및 보험회사 진출 사례’, 보험연구원.

한국보건사회연구원(2022), ‘2022년 장기요양실태조사’, 한국보건사회연구원.

한국보건사회연구원(2023), '2023년 노인실태조사', 한국보건사회연구원.

한국통계청(2023), '장래인구추계: 2022-2072년'.

한국통계청(2024), '2022년 기준 장래인구추계를 반영한 내외국인 인구추계: 2022-2042년'.

한경혜, 최혜경, 안정신, 김주현. (2019). 『노년학』. 신정.

이희승 외 (2023). 요양보호사 수급전망과 확보방안, 건강보험연구원.

김정근. (2021). 코로나 19 팬데믹 시대 미국의 AI/로봇을 활용한 노인 돌봄 사례와 이슈. 국제사회보장리뷰, 16, 16-26.

김선화, 김지희, 김태환, 이동림, 최선용, 이호상, …(…) & 남일성. (2020). 한국형 소셜로봇 효돌이 지역사회 거주 독거노인의 우울증상과 삶의 질에 미치는 영향. 한국노년학, 40(5), 1021-1034.

박선아(2023). 2023-2032년 노인장기요양보험 재정전망, 국회예산정책처.

Carstensen, L. L. (1995). Evidence for a life-span theory of socioemotional selectivity. Current Directions in Psychological Science, 4(5), 151-156.

Lawton, M. P., & Nahemow, L. (1973). Ecology and the aging process. In C. Eisdorfer & M. P. Lawton (Eds.), The psychology of adult development and aging (pp. 619-674). American Psychological Association.

Talen, M. R. (2024). The Good Life: Lessons From the World's Longest Scientific Study of Happiness. Family Medicine, 56(10), 684.

Chen, S. C., Jones, C., & Moyle, W. (2024). The impact of engagement with the PARO therapeutic robot on the psychological benefits of older adults with dementia. Clinical Gerontologist, 47(5), 909-921.

Wang, X., Shen, J., & Chen, Q. (2022). How PARO can help older people in elderly care facilities: A systematic review of RCT. International journal of nursing knowledge, 33(1), 29-39.

CarePredict(https://www.carepredict.com/).

JCF technology(https://jcft-global.com/kr/).

一般社団法高齢者住宅協会(各年月)、「サービス付き高齢者向け住宅登録状況」。

一般社団法高齢者住宅協会(各年月)、「サービス付き高齢者向け住宅の現状と分析」。

国土交通省(2023)「特定施設入居者生活介護・地域密着型特定施設入居者生活介護」社会保障審議会介護給付費分科会資料。

健康保険組合連合会(2020)「公的介護制度に関する国際比較調査」。

公益社団法人日本認知症グループホーム協会(2023)、『認知症高齢者グループホームの令和 3 年度介護報酬改定の施行後の状況に関する調査研究事業報告書』。

厚生労働省(2021)「有料老人ホームの設置運営標準指導指針について」。

厚生労働省(2023a)「高齢者に対する居住支援施策について」。

厚生労働省(2023b)「小規模多機能型居宅介護(改定の方向性)」。

厚生労働省(2023c)「特定施設入居者生活介護・地域密着型特定施設入居者
生活介護)」。

厚生労働省(2023d)「介護老人福祉施設(特養)・地域密着型介護老人福祉施設入所者生活介護)」。

厚生労働省(2023e)「介護保険制度における福祉用具貸与・販売種目のあり方検討会対応の方向性に関する取りまとめ」。

厚生労働省(2023f)「居宅介護支援・介護予防支援」。

厚生労働省(2024a)「介護保険制度をめぐる状況について」。

厚生労働省(2024b)「訪問介護事業への支援について」。

厚生労働省(2024c)「ケアマネジメントに係る現状・課題」。

厚生労働省(2025a)「2040 年に向けたサービス提供体制等のあり方に関するとりまとめ」2040 年に向けたサービス提供体制等のあり方検討会報告書。

厚生労働省(2025b)「有料老人ホームの現状と課題について」。

厚生労働省(2025c)「外国人介護人材の受入れの現状と今後の方向性について」。

厚生労働省(各年版)「介護サービス施設・事業所調査」。

厚生労働省(各年版)「介護給付費等実態統計」。

厚生労働省(各年版)「介護保険事業状況報告」。

厚生労働省(各年版)「社会福祉施設等調査」。

清水正美(2015)「養護老人ホームの歴史的変遷と盲養護老人ホームと他施設との入所要件について」『城西国際大学紀要』24 (3)、pp49-62。

須加美明(1996)「日本のホームヘルプにおける介護福祉の形成史」『社会関係研究』第2巻 第1号』。

総務省統計局(2023)「令和4年就業構造基本調査」。

総務省統計局(各年版)「統計からみた我が国の高齢者」。

内閣府(2023)「高齢者の住宅と生活環境に関する調査」。

独立行政法人福祉医療機構(2024)「2022年度 通所介護の経営状況について」。

内閣府(各年版)『高齢社会白書』。

日本総合研究所(2024)『介護支援専門員の養成に関する調査研究事業報告書』。

日本総合研究所(2025)『多様化する有料老人ホームに対する指導監督のあり方に関する調査研究事業報告書』。

平野裕之(2022)『高齢者向け民間住宅の論点と解釈』慶応義塾大学出版会。

村田和彦(2021)「10年を向かえるサービス付き高齢者むけ住宅の現在』『立法と調査』(No.438)。

山田亮一(2009)「高齢者福祉施設と社会福祉の史的発展における一考察」『高田短期大学紀要』第27号、pp59-67。

若林美佳(2023)『介護施設の法律問題・施設管理と介護サービス申請手続き』三修社。

PwCコンサルティング(2025)『高齢者向け住まいにおける運営形態の多様化に関する実態調査研究事業報告書』。

일본을 보며 생각하는
'나답게' 늙어갈 수 있는 집 ❶

ⓒ 박소정 · 김종석 · 김수동 · 김정근 · 류재광 · 나무, 2026

초판 1쇄 발행 2026년 3월 10일
　　2쇄 발행 2026년 4월 15일

지은이　　박소정 · 김종석 · 김수동 · 김정근 · 류재광 · 나무
펴낸이　　이기봉
편집　　　좋은땅 편집팀
펴낸곳　　도서출판 좋은땅
주소　　　서울특별시 마포구 양화로12길 26 지월드빌딩 (서교동 395-7)
전화　　　02)374-8616~7
팩스　　　02)374-8614
이메일　　gworldbook@naver.com
홈페이지　www.g-world.co.kr

ISBN　979-11-388-5626-3 (03330)